The Heart of Man

21세기 다시 그리는
사람의 마음
The Heart of Man

저자 권영기

사랑마루
SARANGMARU

21세기 다시 그리는

사람의 마음

The Heart of Man

발행일 _ 1판 1쇄 2017년 4월 5일
발행인 _ 김진호
지은이 _ 권영기
편집인 _ 송우진
책임편집 _ 전영욱
기획/ 편집 _ 강영아 장주한
디자인/일러스트 _ 권미경 오인표
마케팅/ 홍보 _ 홍정표 황성현
행정지원 _ 조미정 신문섭

펴낸곳 _ 도서출판 사랑마루
서울시 강남구 테헤란로 64길 17(대치동)

대표전화 TEL (02) 3459-1051~2/ FAX (02) 3459-1070
홈페이지 http://www.eholynet.org, http://www.ibcm.kr
등록 2011년 1월 17일 등록번호/ 제2011-000013호
ISBN 979-11-86124-36-9 03230
가격 10,000원

21세기 다시 그리는

사람의 마음
The Heart of Man

Das Herz des Menschen

저자 권영기

사랑마루
SARANGMARU

추천의 글1

사람의 마음(명심도)은 1900년대 초에 베어드 선교사에 의하여 처음 조선에 들어왔습니다. 그 후 한국의 무디로 불리우신 성결교단의 부흥사 이성봉 목사를 통하여 사경회 말씀으로 널리 쓰임 받았습니다. 사람의 마음은 그림으로 되어있어 남녀노소 누구에게나 쉽고 친근하게 복음을 전할 수 있는 장점을 가지고 있습니다. 또한 당시에 사람의 마음은 『박군의 심정』이라는 이름으로 어린이들에게 쉽게 복음을 전할 수 있도록 제작되었습니다. 그러던 중 언제부터인가 사람의 마음은 한국교회와 그리스도인들에게 잊혀 졌습니다. 심지어 잊혀 졌다는 사실 조차 모르는 책이 되어버렸습니다. 그러나 하나님께서는 다시 한국교회에 사람의 마음(명심도)을 통한 복음전도와 부흥을 원하고 계셨습니다.

하나님은 성결교회의 젊은 목회자 권영기 목사를 통하여 다시 사람의 마음을 연구하게 하셨습니다. 사람의 마음은 과거의 명심도가 아니라, 21세기 현대인들이 공감할 수 있는 스타일의 그림과 글로 재탄생되었습니다. 이미 권영기 목사는 많은 집회를 통해 사람의 마음이 현대인들에게도 얼마든지 은혜와 감동을 줄 수 있는 복음전도의 도구임을 입증하였습니다. 이제 『21세기에 다시 그리는 사람의 마음』이라는 제목으로 출판되는 이 책을 통해 다시 이성봉 목사의 명심도 강화 부흥회가 재현되는 역사가 일어나길 소망합니다. 또한 이 책을 읽은 독자들도 사람의 마음의 전도방법을 다양하게 응용하면 좋겠습니다. 사람의 마음이 각 교회 성도들과 어린이들, 그리고 지역사회 전도의 현장에서 다양하게 쓰임 받는 복음 전파의 도구로 사용되길 바라며 추천합니다.

조일래 목사(수정교회 담임)

추천의 글2

    권영기 목사님은 『21세기 다시 그리는 사람의 마음』을 저술하였습니다. 그에게 이것은 책이 아니라 아들입니다. 강원도 속초 지역 연합 집회를 인도하면서 목사님과 며칠 같이 지냈습니다. 권영기 목사님은 '21세기 다시 그리는 사람의 마음', 이 분야에서는 세계적으로 일인자라고 인정하지 않을 수 없었습니다. 목사님의 이 아젠다(Agenda)는 목사님이 선택한 것이 아니라 하나님이 주셨습니다. 신비한 방법으로, 오묘한 길로, 상상을 초월하는 예정으로 하나님께서 목사님에게 주셨습니다.

목사님은 오직 이 책 하나로 살아 오셨고, 앞으로도 이 한 권의 책으로 살아가실 것입니다. 누구의 추종도 불허할 자료를 이미 소유하셨고, 이 책에 대한 강의는 우리나라에서 누구도 흉내 낼 수 없을 정도의 수준입니다.

노아가 홍수 이후 무지개를 기다린 것처럼 목사님은 늘 웃으시면서 무지개를 기다리셨습니다. 목사님은 아무도 가지 않는 길로만 쟁기질하여 오셨습니다. 꿈은 때로는 꿈꾸는 자를 가혹하게 하는 법인데 목사님은 아랑곳하지 않고 이 길 위에 당신의 꿈을 향한 발걸음을 옮기셨습니다. 또한 땅속에 묻혀 있던 보석을 캐내어 한국교회를 향하여 내어 놓으셨습니다. 이 책을 읽으면서 다음 책을 또 기대해 봅니다. 권영기 목사님은 목회도 잘하시고, 책도 잘 쓰시고, 강의도 잘하시는 한국 교회의 떠오르는 별입니다. 목사님의 미래가 궁금합니다. 과정이 힘들었기에 결과가 소중합니다. 소중한 열매를 모두가 같이 맛보게 하여 주신 하나님께 다시 한 번 감사드립니다.

강문호 목사(갈보리감리교회 담임)

프롤로그

"만물보다 거짓되고 심히 부패한 것은 마음이라 누가 능히 이를 알리요 마는"(렘17:9) 사람의 마음을 잘 아십니까? 과학자, 철학자, 심리학자, 문학가 등등 수많은 학자들이 마음에 관심을 갖고 이야기해 왔습니다.

이 책『21세기 다시 그리는 사람의 마음』은 '사람의 마음'을 이야기하는 책입니다. 이 책은 그림을 통해 사람의 마음을 이야기하고 있습니다. 지금으로부터 약 500년 전에 그려진 그림입니다. 하지만 예전과 동일하게 지금도 사람의 마음은 변함이 없습니다.

사람의 마음 안에는 누가 또는 무엇이 들어 있을까요? 그리고 사람의 마음의 상태는 우리의 삶에 어떤 영향을 끼칠까요? 우리는 마음을 어떻게 관리해야할까요? "무릇 지킬만한 것보다 더욱 네 마음을 지키라 생명의 근원이 이에서 남이니라"(잠 4:23) 성경은 '마음이 생명의 근원'이라고 말씀합니다. 우리는 마음을 살피고 가꾸어야 합니다. 『21세기 다시 그리는 사람의 마음』을 통해 내 마음 상태가 어떤지 알고, 마음을 아름답게 가꾸는 시간을 꼭 가져보기를 기도합니다. 내 마음을 가꾸는 것은 곧 내 생명을 가꾸는 것입니다.

맑고 푸른 동해바다와 아름다운 비경 설악산을 품고 있는 속초에서

권영기 목사

차례

The Heart of Man

꿈에서 만난 명심도,
사람의 마음

2013년 4월 7일 주일은 속초성결교회 창립 53주년 기념 주일이었다. 그날은 교회의 중요한 임직식이 있었기 때문에 평소보다 더 집중하여 예배와 예식을 진행했다. 덕분에 곤한 상태로 잠을 청했다. 그날 밤 꿈을 꾸었는데 '이성봉 목사의 사역을 하라'는 하나님의 음성을 들었고, 내 손에는 '작은 책 한 권이 놓여있는 장면'을 보여주셨다. 깜짝 놀라 깨어보니 새 벽 1시쯤 되었다. 꿈이 너무나도 생생하고 놀라워서 아내를 흔들어 깨웠다. "여보, 내가 아무래도 오늘 밤에 사명을 받은 것 같아! 그러니 오늘 날짜를 기억해 둬"라고 당부를 하고, 꿈에서 받은 책 제목을 급히 메모지에 적고 다시금 잠에 빠졌다.

꿈은 아침에 일어나서도 여전히 생생했다. 밤사이 적어 놓은 메모지에는 '명심도'라고 적혀 있었다. '명심도? 내가 잘못 적었나? 명심보감은 들어봤어도 명심도가 뭐야?'라는 생각이 들었다. 처음에는 현실이 아닌 꿈이라고 여겼다. 하지만 혹시나 하는 마음에 인터넷에 '명심도'를 검색해 보았다. 검색 창에 명심도를 치고 엔터키를 누르는 순간 놀라지 않을 수 없었다. 『명심도』라는 책이 실제로 있었다. 그것도 기독교 신앙서적이었다.

한국에 복음을 전한 초기 선교사들 중에 윌리엄 마틴 베어드(William Martyne Baird)라는 분이 있다. 이분은 미국 북장로교 선교사로 1891년 1월 말에 한국에 왔다. 처음에는 부산, 대구, 서울에서 선교를 하다가 1897년에는 평양을 자신의 선교지역으로 정했다. 그리고 자신의 집 사랑방에서 중등교육과정의 학당을 열었는데 이곳은 숭실대학교의 모태가 된 '숭실학당'이다. 베어드 선교사는 40년 동안 한국에서 교육사역, 선교사역에 헌신하다가 1931년 10월에 소천하여 평양 장산묘지에 안장되었다.

『명심도(明心圖)』는 1912년에 베어드 선교사가 번역하여 출간한 실제로 존재하는 책이었다. 그러나 필자는 그 책의 존재를 전혀 알지 못했다. 전혀 알지도 못한 책을 보여주신 하나님, 그리고 꿈과 현실이 그대로 맞아 떨어지는 순간 필자는 소름이 끼치도록 놀랐다. 그렇게 놀라고 있는 순간에 전화가 왔다.

"권영기 목사님이시죠?"

"네. 맞습니다."

"저는 2년 전쯤 목사님께 책을 팔았던 중고서점 주인입니다."

"아 네, 무슨 일이시죠?"

"제가 옛날 기독교 서적 한 권을 입수했는데 아무래도 교회 목사님이 구입하실 만한 책인 것 같아 먼저 목사님께 연락드렸습니다."

"무슨 책인데요?"

"명심도라는 책입니다."

또 한 번 놀라지 않을 수 없었다. 필자는 바로 그 책을 구입

했다. 다음날 도착한 『명심도』를 손에 쥐는 순간 전율이 흘렀다. 명심도는 어른 손바닥만 한 크기에, 분량은 21장밖에 되지 않는 얇은 책이었다. 벌써 100년이나 지난 책이었기에 조금만 힘을 주어도 찢어질 듯 낡고 위태로워 보였다.

명심도의 뜻은 밝을 명(明), 마음 심(心), 그림 도(圖) 즉, '마음을 밝히는 그림'이라는 뜻이다. 책에는 아홉 장의 그림이 들어있고, 그 그림들을 설명하는 내용으로 구성되어 있다. 일명 '그림 전도지'라고 할 수 있다. 『명심도』는 독일 개신교의 목사 '요한네스 에반넬리스타 고스너(Johannes Evanelista Gossner, 1773~1858)가 1812년에 지은 책이다. 고스너는 1811년 뮌헨에서 가톨릭 사제가 되었으나 이후 1826년 개신교로 개종하였다. 1829년에는 베를린 베들레헴 교회의 목사가 되었고, 1836년에는 외국 선교를 위해 고스너 선교단을 창설하였다.

『명심도』의 원제목은 'Das Herz des Menschen'이다. 영어번역 제목은 'The Heart of Man'이다. 즉 '사람의 마음'이 원제목이다. 『사람의 마음』은 이미 세계 각국의 언어와 그림으로 번역되어 사용되어 왔고, 지금도 세계 각국에서 전도용 교재로 널리 사용되고 있다.

그리고 필자의 꿈을 통해 하나님께서 말씀해 주신 또 다른 메시지는 '이성봉 목사의 사역을 하라'는 것이다. '이성봉 목사와 명심도는 무슨 관계가 있을까?' 필자는 이러한 궁금증을 가지고 이성봉 목사의 전기와 사역을 짚어 내려갔다. 그 결과 이성봉 목사는 명심도를 가지고 평생을 전도하시고 부흥회를 인도하셨던 분이라는 것을 발견하게 되었다.

이성봉 목사는 '한국의 무디'라고 불리는 전설적인 부흥사다. 1900년 7월 4일 출생하여, 1965년 8월 2일 소천한 성결교단의 목사다. 이성봉 목사는 어린 시절 명심도를 통해 은혜를 받고, 신학교를 졸업한 후 처음에는 어린이 부흥사로 사역을 시작했다. 그때부터 명심도를 사용하여 부흥회를 인도했다. 이후 명심도의 내용을 해설한 『명심도 강화』를 1956년에 출간하였다.

필자는 성결교회의 선배 목사인 이성봉 목사의 성함은 알고 있었지만, 그 분의 구체적인 사역과 저서는 알지 못했다. 그러나 꿈에 "이성봉 목사의 사역을 하라"는 음성을 들었던 순간과 『명심도』를 손에 든 순간부터 지금까지 이성봉 목사의 사역

연구에 깊이 몰두하게 되었다.

『명심도』는 각각 '박군의 마음', '박군의 심정', '박중사의 마음'이라는 제목을 가지고 1960~70년대까지 전도지로 사용되었다. 이 전도지는 총 9장의 그림으로 구성되어 있고 당시 시대에 맞게 제작되어 사용되었다. 명심도가 한국 기독교 초기에 널리 사용된 이유는 '그림'으로 된 전도지였기 때문이다. 『명심도』의 서론에 보면 "글로 기록한 뜻은 유식한 선비는 능히 볼 수 있으나 무식한 사람은 능히 알 수 없을 터이오, 또 그림으로 가르친 말이 부인과 아이만 알기 쉬울 뿐 아니라 유식한 선비를 더욱 감동시켜 깨닫게 할지라"라고 기록되어 있다. 상당히 공감이 가는 글이다. 그림은 글을 잘 몰라도 이해할 수 있는 장점이 있다.

1800년대 말 조선은 문맹률이 상당히 높았다. 초기 선교사들이 복음을 전하기 위해 그림을 사용한 것은 아주 적절한 방법이었다. 외국 선교사 자체가 조선말에 능숙하지 못했을 뿐만 아니라, 아이, 어른, 유·무식의 상관없이 누구에게나 복음을 전하기에는 최적의 도구가 그림이었다.

사람의 마음

'명심도'의 본래 제목은 '사람의 마음'이다. 모두 9장의 그림으로 구성되어 있다. 이 그림들은 각 장마다 전하는 이야기와 뜻이 있고, 또 그림의 순서대로 전하려는 복음의 메시지가 들어있다. "사람의 마음"을 '명심도'로 번역한 것은 이름 그대로 마음을 밝히는 그림이기 때문이다. 명심도의 그림은 사람의 마음을 들여다보는 그림인 것이다.

베어드 선교사의 명심도 총론에 보면 이런 말이 있다. "대개 마음이라 하는 것은 본래 형상이 없어 보아도 보지 못하고 또 무시로 출입하여 그 향하는 것을 알 수 없는지라. 그런즉 마음을 밝혀 천성을 보고자 하는 자는 그림과 비유가 아니면 능히 밝히기 어려운지라". 사람의 마음은 형상이 없기 때문에 그 마음을 표현하기에는 그림과 비유로 표현하는 것이 적절하다는 말이다.

심리치료 중에 그림을 활용한 미술치료가 있다. 자기의 마음을 잘 표현하지 못하는 어린 아이도 그림을 그려보게 하면 그림에 자기 마음이 나타난다. 심리치료사는 그 그림을 분석하여 어린아이의 마음 상태를 알아낼 수 있다. 명심도에는 그림을 통해 전하려는 복음의 메시지가 놀랍게 묘사되어 있다.

이제는 '사람의 마음'을 꼼꼼히 살펴보도록 하겠다. 먼저 제1도에 등장하는 각각의 인물들이 무엇을 나타내는지 알아야 한다.

제1도
거듭나지 않은 사람의 마음

사람의 외모

먼저 사람의 외모가 나온다. 사람은 사람을 처음 볼 때 마음보다는 먼저 겉모습을 보게 된다. 어떤 이는 상대방의 겉모습을 보고 마음도 짐작해 버리는 경향이 있다. 이것을 '초두효과'라고 한다. 첫인상으로 사람을 판단하는 것은 상당히 위험하다. 왜냐하면 겉모습이 사람의 마음과 항상 일치하는 것은 아니기 때문이다.

'뷰티 인사이드'라는 영화가 있다. 이 영화에 보면 매일 그얼굴이 바뀌는 남자가 있다. 어떤 날은 남자로, 어떤 날은 여자로, 어떤 날은 동양인의 얼굴로, 어떤 날은 서양인의 얼굴로, 어떤 날은 잘생긴 얼굴로, 어떤 날은 못생긴 얼굴로 변한다. 심지어 어떤 날은 젊은 얼굴로, 어떤 날은 늙은 얼굴로 변하기도 한다. 영화의 주요 메시지는 "사람의 마음은 얼굴이 바뀐다고 해서 변하지 않는다."는 것이다.

인간은 외모로 타인을 판단하는 경향이 있다. 하지만 성경에 보면 하나님께서는 사람을 외모로 판단하지 않으신다. 하나님께서는 오직 사람의 중심, 즉 마음을 보신다. 성경에는 외모에 관한 교훈이 많이 나타난다. 첫째, 하나님은 외모로 사람을 보지 않으신다. "이는 하나님께서 외모로 사람을 취하

지 아니하심이라(롬2:11)” 둘째, 사람은 외모를 본다. “너희
는 외모만 보는 도다 만일 사람이 자기가 그리스도에게 속한
줄을 믿을진대 자기가 그리스도에게 속한 것 같이 우리도 그
러한 줄을 자기 속으로 다시 생각할 것이라(고후10:7)” 셋째,
하나님께서는 사람의 중심을 보신다. “여호와께서 사무엘에
게 이르시되 그의 용모와 키를 보지 말라 내가 이미 그를 버
렸노라 내가 보는 것은 사람과 같지 아니하니 사람은 외모를
보거니와 나 여호와는 중심을 보느니라 하시더라(삼상
16:7)” 넷째, 사람을 외모로 사람을 판단해서는 안 된다.
“외모로 판단하지 말고 공의롭게 판단하라 하시니라(요
7:24)”

   하나님의 판단이 정확한가? 사람의 판단이 정확한가? 당
연히 하나님의 판단이 정확하다. 그러므로 성도는 하나님처
럼 사람의 외모보다는 사람의 마음을 보려고 노력해야 한다.
이런 차원에서 사람의 마음을 밝히는 그림인 ‘사람의 마음’을
연구하는 것은 참으로 의미 있는 일이다.

   ‘사람의 마음’에 등장하는 주인공은 이름이 없다. 어린이 전
도지에서는 그 이름을 ‘박군’이라 불렀다. 그래서 1950~60
년대에 ‘박군의 마음’이 어린이 전도에 크게 사용되었다. 필자
는 ‘사람의 마음’에 등장하는 주인공은 자기 자신이라고 생각
한다. 이 책을 읽는 독자들은 누구나 사람의 마음에 나오는

'박군'이 되어야 한다. 아래 공란에 자신의 이름을 넣어 읽어
보자.

○○의 마음

사람의 마음

당신은 사람을 볼 때 가장 먼저 어디를 보는가? 대부분의
사람들은 얼굴을 본다. 사람의 얼굴이 깔끔하게 잘생겼으니
마음도 그럴것이라고 생각할 수 있지만 마음을 들여다보면 많
은 죄와 악한 성품들이 들어있다. 다음으로 사람의 마음을 알
아야 한다.

눈

'사람의 마음' 그림에는 가장 위에 눈이 있다. 이성봉 목사
의 '명심도강화'는 사람에게는 세 종류의 눈이 있다고 한다.
즉, 육안(肉眼), 영안(靈眼), 지안(智眼)이다. 이 말을 토대로

세 종류의 눈을 좀 더 자세히 살펴보면 다음과 같다.

첫째, 육안은 우리가 사물을 관찰하는 눈이다. 예수께서는 눈이 나쁘면 온 몸이 어두울 것이라고 말씀 하셨다. "눈이 나쁘면 온 몸이 어두울 것이니 그러므로 네게 있는 빛이 어두우면 그 어둠이 얼마나 더하겠느냐(마6:23)", "네 몸의 등불은 눈이라 네 눈이 성하면 온 몸이 밝을 것이요 만일 나쁘면 네 몸도 어두우리라(눅11:34)" 우리는 눈을 통해 들어오는 사물을 인식하여 활동하게 된다. 눈이 어두우면 자유롭게 활동할 수가 없다.

둘째, 영안은 영적 세계를 보는 눈이다. 엘리사가 아람군대에 포위되었을 때, 엘리사의 종은 두려워 떨었지만 엘리사는 두려워하지 않았다. 왜냐하면 아람군대를 포위하고 있는 하나님의 군대를 보았기 때문이다. 그래서 엘리사는 하나님께 종의 눈을 열어 보게 해달라고 기도했다. "기도하여 이르되 여호와여 원하건대 그의 눈을 열어서 보게 하옵소서 하니 여호와께서 그 청년의 눈을 여시매 그가 보니 불말과 불병거가 산에 가득하여 엘리사를 둘렀더라(왕하6:17)"

그리스도인은 영안이 열려야 영적 진리를 깨닫게 된다. 사도바울은 에베소 교인들을 위해 영안이 열리게 해달라고 기도했다. "우리 주 예수 그리스도의 하나님, 영광의 아버지께서 지혜와 계시의 영을 너희에게 주사 하나님을 알게 하시고 너희 마음의 눈을 밝히사 그의 부르심의 소망이 무엇이며 성도 안에서 그 기업의 영광의 풍성함이 무엇이며 그의 힘의 위력으로 역사하심을 따라 믿는 우리에게 베푸신 능력의 지극히 크심이 어떠한 것을 너희로 알게 하시기를 구하노라(엡 1:17~19)" 영안은 지혜와 계시의 영, 성령을 만나야 열릴 수 있다.

셋째, 지안은 지혜의 눈이다. 지혜란 옳고 그름을 판단하는 능력이다. 성경에 보면 지안이 있다는 사실을 가장 먼저 사람에게 알려 준 존재는 아이러니하게도 뱀(사탄)이었다. "너희가 그것을 먹는 날에는 너희 눈이 밝아져 하나님과 같이 되어 선악을 알 줄 하나님이 아심이니라(창3:5)" 지안이 어두우면 선악을 제대로 판단하지 못하고 죄악 된 길로 빠지게 되고 결국은 망하게 된다. 반면에 지안이 밝으면 선악을 제대로 판단하고 옳은 길로 가게 되고, 결국 복된 삶을 살게 된다.

시편 1장 1절에 복 있는 사람이 악인들의 꾀, 죄인들의 길, 오만한 자의 자리에 빠지지 않는 것은 결국 지안이 열려있기 때문이다. "복 있는 사람은 악인들의 꾀를 따르지 아니하며 죄인들의 길에 서지 아니하며 오만한 자들의 자리에 앉지 아니하고(시1:1)" 지안이 열리려면 성경을 즐거워하고 열심히 묵상해야 한다. "오직 여호와의 율법을 즐거워하여 그의 율법을 주야로 묵상하는도다(시1:2)"

성경은 그리스도인의 지안을 열어 분별하는 능력을 높여준다. "또 어려서부터 성경을 알았나니 성경은 능히 너로 하여금 그리스도 예수 안에 있는 믿음으로 말미암아 구원에 이르는 지혜가 있게 하느니라 모든 성경은 하나님의 감동으로 된 것으로 교훈과 책망과 바르게 함과 의로 교육하기에 유익하니 이는 하나님의 사람으로 온전하게 하며 모든 선한 일을 행할 능력을 갖추게 하려 함이라(딤후3:15~17)"

양심

눈 아래에는 별이 있다. 이 별은 양심(良心)을 나타낸다. 양심이란 '도덕적 판단 능력'이라고 할 수 있다. 우리가 사는 세상은 여러 사람이 함께 더불어 살아가는 곳이다. 많은 사람이 함께 공존하여 살아가기 위해서 가장 필요한 것은 질서다. 서로의 어려움을 돕고, 피해를 주지 않도록 양보해야 한다. 양심이란 공동체를 생각하는 마음, 질서를 생각하는 마음이다. 양심이 밝으면 공동체의 일원으로서 세상이 더욱 질서 있고 행복한 공간이 되게 하는 데에 힘을 보탤 수 있다. 그러나 양심이 어두우면 오직 자신에게만 편리하고 유익하도록 행동한다. 그 결과 공동체의 질서가 무너지게 되고 결국은 그 피해

또한 자기 자신이 받게 된다. 성경은 '양심'에 대해 다음과 같이 말한다.

첫째, 하나님은 사람의 양심의 상태를 보신다. "악인의 악을 끊고 의인을 세우소서 의로우신 하나님이 사람의 마음과 양심을 감찰하시나이다(시7:9)"

둘째, 양심은 착하고 깨끗한 상태가 있다. "믿음과 착한 양심을 가지라 어떤 이들은 이 양심을 버렸고 그 믿음에 관하여는 파선하였느니라(딤전1:19)"

셋째, 착하고 깨끗한 양심은 찔림을 받고 가책을 느낀다. "그들이 이 말씀을 듣고 양심에 가책을 느껴 어른으로 시작하여 젊은이까지 하나씩 하나씩 나가고 오직 예수와 그 가운데 섰는 여자만 남았더라(요8:9)"

넷째, 약하고 더러운 양심의 상태가 있다. "그러나 이 지식은 모든 사람에게 있는 것은 아니므로 어떤 이들은 지금까지 우상에 대한 습관이 있어 우상의 제물로 알고 먹는 고로 그들의 양심이 약하여지고 더러워지느니라(고전8:7)"

다섯째, 약하고 더러운 양심은 무감각하다. "자기 양심이 화인을 맞아서 외식함으로 거짓말하는 자들이라(딤전4:2)" '화인 맞았다'는 것은 양심이 화상 입었다는 것이다. 사람의 피부가 화상을 입게 되면 피부의 신경이 죽어 감각을 느끼지 못하게 된다. 마찬가지로 양심도 화인을 맞으면 감각을 느끼지 못하게 된다.

여섯째, 양심은 단련함에 따라 상태가 달라진다. "여호와여 나를 살피시고 시험하사 내 뜻과 내 양심을 단련하소서(시 26:2)"

일곱째, 사람은 양심의 교훈을 받는다. "나를 훈계하신 여호와를 송축할지라 밤마다 내 양심이 나를 교훈하도다(시 16:7)"

마귀

별 아래에는 마귀가 중심에 서 있다. 예전의 명심도는 마귀를 사람 같으면서도 사람이 아니고, 짐승 같으면서도 짐승이 아닌 모습으로 그렸다. 사실 마귀는 영적 존재이기 때문에 형상이 없다. 하지만 마귀의 행동의 특징은 어떤 짐승으로 묘사하거나 나타낼 수 있다. 창세기 3장에 하와를 속여 선악과를 따먹게 하는 마귀는 뱀으로 나타났다. "그런데 뱀은 여호와 하나님이 지으신 들짐승 중에 가장 간교하니라 뱀이 여자에게 물어 이르되 하나님이 참으로 너희에게 동산 모든 나무의 열매를 먹지 말라 하시더냐(창3:1)"

베드로는 마귀를 우는 사자와 같다고 말했다. "근신하라 깨어라 너희 대적 마귀가 우는 사자 같이 두루 다니며 삼킬 자를 찾나니(벧전5:8)" 사도 요한은 계시록에서 사탄을 용으로 보았다. "큰 용이 내쫓기니 옛 뱀 곧 마귀라고도 하고 사탄이라고도 하며 온 천하를 꾀는 자라 그가 땅으로 내쫓기니 그의 사자들도 그와 함께 내쫓기니라(계12:9)" 뱀과 사자와 용의 공통점은 모두 입 안에 날카로운 이빨을 가졌다는 것이다. 한 번 물리면 치명적인 상처를 입게 된다. 제1도 그림을 보면, 마귀는 손에 날카로운 삼지창을 들고 있다. 삼지창은 무엇인가를 찌르는 용도다. 즉 사람의 마음속에 있는 악한 성품들을 찔러 자극하고 그것이 표출되도록 하는 것이다.

사탄은 우리의 마음 즉, 성품과 생각 속에 들어온다. 가룟 유다가 예수님을 판 이유도 그의 생각 속에 마귀가 들어갔기 때문이다. "마귀가 벌써 시몬의 아들 가룟 유다의 마음에 예수를 팔려는 생각을 넣었더라(요13:2)" 그러므로 마귀로부터 마음을 지켜야 한다. "모든 지킬 만한 것 중에 더욱 네 마음을 지키라 생명의 근원이 이에서 남이니라(잠4:23)" 자신의 마음에 마귀가 틈을 타지 못하게 해야 한다. "마귀에게 틈을 주지 말라(엡4:27)" 또한 마귀가 마음을 공격하지 못하게 하려면 하나님의 전신 갑주를 입어야 한다.

"마귀의 간계를 능히 대적하기 위하여 하나님의 전신 갑주를 입으라 우리의 씨름은 혈과 육을 상대하는 것이 아니요 통

치자들과 권세들과 이 어둠의 세상 주관자들과 하늘에 있는 악의 영들을 상대함이라 그러므로 하나님의 전신 갑주를 취하라 이는 악한 날에 너희가 능히 대적하고 모든 일을 행한 후에 서기 위함이라 그런즉 서서 진리로 너희 허리 띠를 띠고 의의 호심경을 붙이고 평안의 복음이 준비한 것으로 신을 신고 모든 것 위에 믿음의 방패를 가지고 이로써 능히 악한 자의 모든 불화살을 소멸하고 구원의 투구와 성령의 검 곧 하나님의 말씀을 가지라(엡6:11~17)"

마음속에 있는 동물 그림들을 살펴보면 다음과 같다. 마음속에는 마귀가 언제라도 찌를 수 있도록 둘러 있는 일곱 마리의 짐승이 있다. 이 짐승들은 마음의 악한 성품들이다.

공작새

첫 번째 짐승은 공작새다. 공작새는 화려한 날개를 가지고 있다. 수컷이 암컷에게 구애를 할 때 윗꽁지덮깃이라는 날개를 부채 모양으로 펼친다. 공작새가 펼친 날개는 공작새의 몸보다 훨씬 크고 화려하다. 날개와 털이 보암직한 공작새는 교만을 비유한다. 사람의 마음속에는 이렇게 남들에게 자기 자신을 크고 화려하게 보이려는 욕심이 있다. 이것이 교만이다. 사전에는 "교만이란 스스로 잘난 체하며 겸손하거나 온유함이 없이 건방지고 방자함을 이르는 말"이라고 나와 있다.

교만은 속옷과 같다는 속담이 있다. 옷을 입을 때 가장 먼저 입는 것이 속옷이고, 벗을 때는 가장 늦게 벗는 것이 속옷이다. 교만도 마찬가지로 사람이 가장 먼저 입고, 가장 나중에 벗는다. 돈이 조금만 생기면 가장 먼저 입는 것이 교만이다. 우리나라가 점점 경제적으로 부유하게 되면서 동시에 사람들의 교만도 팽배해졌다. "네 큰 지혜와 네 무역으로 재물을 더하고 그 재물로 말미암아 네 마음이 교만하였도다(겔 28:5)"

이성봉 목사는 교만을 이렇게 말했다. "사람은 누구나 저 잘난 재미로 산다. 얼굴만 좀 아름다워도 교만하고, 옷만 잘 입어도 교만하고, 돈 푼이나 있어도 교만하고, 지식이 있으면 교만하고, 권세와 지위가 있어도 교만하고 별별 교만이 다 쏟아져 나온다. 내가 어느 교회에서 보니 어떤 여자가 손에 턱을 괴고 있다. 팔뚝 시계 자랑하는 모양이요, 또 금가락지 보석 반지 끼고 손을 마주 잡고 들고 있다. 금니를 해 박은 사람은 입을 벌리고 금니 자랑하느라고 애를 쓴다."

성경에는 '교만'에 관한 교훈이 참으로 많다. 왜냐하면 그만큼 우리가 교만하기 쉽고, 또 교만은 폐해가 크기 때문이다.

교만의 특징은 첫째, 자기 자신을 크게 보이게 하기 때문에 그만큼 하나님을 잊어버린다. "네 마음이 교만하여 네 하나님 여호와를 잊어버릴까 염려하노라 여호와는 너를 애굽 땅 종 되었던 집에서 이끌어 내시고(신8:14)" 둘째, 다 자기 스스로 이루어낸 것이라고 생각하기에 은혜에 감사하지 않는다. "히 스기야가 마음이 교만하여 그 받은 은혜를 보답하지 아니하므로 진노가 그와 유다와 예루살렘에 내리게 되었더니(대하 32:25)" 셋째, 교만하면 하나님의 말씀과 다른 사람의 말을 듣지 않는다. "그들과 우리 조상들이 교만하고 목을 굳게 하여 주의 명령을 듣지 아니하고(느9:16)" 넷째, 심하면 자기 자신을 신처럼 생각해서 하나님에게 도전한다. "이는 그의 손을 들어 하나님을 대적하며 교만하여 전능자에게 힘을 과시하였음이니라(욥15:25)" 다섯째, 자기보다 못하다고 생각되는 사람들을 무시하고 멸시한다. "안일한 자의 조소와 교만한 자의 멸시가 우리 영혼에 넘치나이다(시123:4)"

결국 교만은 그 결과가 비참하다. 첫째, 사람들에게 욕을 먹게 된다. "교만이 오면 욕도 오거니와 겸손한 자에게는 지혜가 있느니라(잠11:2)" 둘째, 다툼을 일으킨다. "교만에서는 다툼만 일어날 뿐이라 권면을 듣는 자는 지혜가 있느니라(잠13:10)" 셋째, 결국 자기 자신만 넘어지게 된다. "교만은 패망의 선봉이요 거만한 마음은 넘어짐의 앞잡이니라(잠

16:18)" 넷째, 교만하면 반드시 낮아지게 된다. "주께서 곤고한 백성은 구원하시고 교만한 자를 살피사 낮추시리이다(삼하22:28)"

염소

공작새 아래에는 염소가 있다. 염소는 호색(好色)에 비유한다. 호색이란 말 그대로는 "색을 좋아한다."는 뜻이다. 그런데 한자의 '색'을 색깔이라는 뜻이 아니라 남자는 여자, 여자는 남자인 다른 이성을 일컫는 말로 사용한 것이다. 이성에 대한 성적 집착을 나타낼 때 '호색'이라고 한다. 왜 염소를 호색에 비유하는지 그 이유가 흥미롭다. 『명심도』는 "악한 냄새가나는 것으로 사람의 음란하고 더러운 것을 비유한 것이오"라고 했다. 염소가 악한 냄새가 난다고 한다. 실제로 염소는 꼬리의 아래 부분에 냄새를 내는 분비샘이 있어서 고약한 냄새를 낸다.

"사람이 글자가 있다면 동물은 냄새가 있다."는 말이 있다. 그만큼 동물들은 냄새로 상대방과 교감한다. 다른 짐승들도그렇지만 특히 수컷염소는 냄새로 교배 가능한 암컷을 찾는다. 그 모습을 사람의 호색하는 마음에 비유한 것이다. 문제

는 호색이 사람의 삶을 실패하게 만든다는 데 있다. 이성봉 목
사는 염소에 비유한 호색하는 마음에 대해서 이렇게 말한다.
"사람은 염소 같은 성질로 많이 실패한다. 옛날 다윗도, 삼손
도, 솔로몬도 현재 유력한 교직자도, 유망한 청년 남녀들까지
아깝게 염소로 망한다."

성경은 육체의 일의 첫 번째로 호색을 금한다. "육체의 일
은 분명하니 곧 음행과 더러운 것과 호색과(갈5:19)", "낮에
와 같이 단정히 행하고 방탕하거나 술 취하지 말며 음란하거
나 호색하지 말며 다투거나 시기하지 말고(롬13:13)" 둘째로
호색은 회개해야 할 죄다. "또 내가 다시 갈 때에 내 하나님이
나를 너희 앞에서 낮추실까 두려워하고 또 내가 전에 죄를 지
은 여러 사람의 그 행한 바 더러움과 음란함과 호색함을 회개
하지 아니함 때문에 슬퍼할까 두려워하노라(고후12:21)" 셋
째로 기독교인의 호색은 기독교를 비방 받게 만드는 결과를
초래한다. "여럿이 그들의 호색하는 것을 따르리니 이로 말미
암아 진리의 도가 비방을 받을 것이요(벧후2:2)"

호색은 현대적인 개념으로는 성의 중독으로 볼 수 있다. 본
래 성은 인류의 번성에 가장 필수적 요소다. 하나님께서 사람
을 창조하시고 생육하여 번성하라고 하신 말씀(창1:28)에는
성이 포함되어 있다. 성은 본래 하나님께서 인간에게 복으로
주신 것이다. 그러나 성의 과도한 집착은 호색이다. 정신의학

이나 상담심리학에서는 호색을 '성의 조절 능력 상실'이라고 말한다. 조절 능력을 상실한 과도한 집착이 중독이다. 성이 아름답고 복되려면 조절 능력의 안에 있을 때만이다. 조절 능력이 상실되면 삶에 심각한 문제를 초래하게 된다. 성욕의 조절을 잠언은 이렇게 말한다. "어찌하여 네 샘물을 집 밖으로 넘치게 하며 네 도랑물을 거리로 흘러가게 하겠느냐(잠5:16)"

돼지

염소 다음에는 돼지가 있다. 돼지는 탐욕에 비유한다. 우리가 흔히 욕심을 부릴 때 '돼지 같다'는 말을 쉽게 한다. 어떤 사람들은 "실제로 돼지는 자기 위장의 70% 이상은 먹지 않는다."라고 하며 탐욕을 돼지에 비유하는 것은 적절하지 않다고 말한다.

실제로 야생 멧돼지는 그럴 수 있다고 본다. 그러나 보통 돼지는 인류가 식용을 위해 오랜 기간 동안 사육한 가축이기 때문에 가두어 놓고 먹여 살을 찌웠다. 어쩌면 탐욕을 부리는 마음을 돼지에 비유한 것은 돼지 자체가 아니라 돼지를 그렇게 사육한 사람 때문일 것이다.

중요한 것은 돼지가 아니라 돼지에 비유된 사람의 탐욕이다. 탐욕이란 지나친 소유욕이다. 필요 이상으로 많이 소유하는 것이다. 결국 탐욕은 자기 자신은 쓰지도 않으면서 정작 필요로 하는 다른 사람은 가질 수 없도록 만든다.

실제로 성경에 욕심을 돼지에 비유한 말씀이 있다. "아름다운 여인이 삼가지 아니하는 것은 마치 돼지 코에 금 고리 같으니라(잠11:22)" 아름다운 여인은 이미 아름답다. 그런데 삼가지 않는다는 것은 욕심을 부려서 아름다움에 만족하지 못하고 계속 치장하는 것이다. 과한 치장은 결국 아름다운 여인을 추하게 만든다. 돼지 코에 금 고리를 한다고 아름답게 보이지 않는다. 삼가지 못하는 여인 즉, 욕심을 부리는 여인을 성경은 돼지에 비유한다. 결국 욕심은 만족하지 못하는 마음인 것이다.

성경은 죄의 어머니가 욕심이라고 말한다. "욕심이 잉태한즉 죄를 낳고 죄가 장성한즉 사망을 낳느니라(약1:15)" 욕심은 다음과 같다. 첫째, 욕심은 하나님을 배반하게 한다. "악인은 그의 마음의 욕심을 자랑하며 탐욕을 부리는 자는 여호와를 배반하여 멸시하나이다(시10:3)" 둘째, 욕심은 다툼을 일으킨다. "욕심이 많은 자는 다툼을 일으키나 여호와를 의지하는 자는 풍족하게 되느니라(잠28:25)" 셋째, 욕심은 말씀에 순종하지 못하게 막는다. "세상의 염려와 재물의 유혹과 기타 욕심이 들어와 말씀을 막아 결실하지 못하게 되는 자요(막

4:19)" 넷째, 욕심은 사람을 파멸하게 한다. "부하려 하는 자들은 시험과 올무와 여러 가지 어리석고 해로운 욕심에 떨어지나니 곧 사람으로 파멸과 멸망에 빠지게 하는 것이라(딤전 6:9)" 다섯째, 욕심은 시험이나 유혹에 빠지게 한다. "오직 각 사람이 시험을 받는 것은 자기 욕심에 끌려 미혹됨이니(약 1:14)"

필자는 21일 동안 금식기도를 한 적이 있다. 금식을 하고 나니까 주위 사람들이 "금식기간 동안 먹을 것의 유혹을 어떻게 이겼느냐?"라고 물었다. 그러나 금식기간 동안에는 전혀 음식의 유혹이 없었다. 왜냐하면 금식 기간이니까 음식을 먹을 마음이 없었기 때문이다. 그런데 위기는 금식을 마치고 보호식 기간에 왔다. 금식을 마치고 나면 보호식이 중요하다.

보호식을 잘못하면 몸이 크게 상할 수 있고, 심지어 죽을 수도 있다. 그런데 음식을 먹어야겠다는 마음을 갖게 되니까 그동안 못 먹은 맛난 음식을 마음껏 먹고 싶은 욕심이 생기는 것이다. 그때 깨달은 것이 있다. 예수께서 40일 금식기도를 하실 때, 마귀는 금식 기간 중에 시험하지 않고, 금식을 마친 후에 시험했다는 사실이다. 만일 금식기간 중에 돌로 떡을 만들어 먹으라고 했다면 시험이 되지 않았을 것이다. 왜냐하면 어차피 금식기간이기 때문이다. 작정하고 금식할 때는 유혹에 이길 가능성이 높다. 그런데 금식 후 먹어도 되는 시간이 되니까 마귀가 시험을 한 것이다. 마귀는 방심한 틈을 타고 공격을 한다. 마음의 틈은 욕심 때문에 생긴다. 마귀는 욕심의 틈으로 우리를 시험과 유혹에 빠지게 만든다.

자라

되지 다음에 나오는 그림, 즉 사람의 마음속에 있는 성품은 '자라'다. 자라의 어떤 특징을 마음의 성품에 비유한 것인지 알아야 한다. 『명심도』에는 "자라는 그 뒷걸음질함으로 사람의 성정이 해타하여 착한 일을 행하여 나아가지 못하는 것을 비유한 것이오."라고 기록하고 있다. 해타(懈惰)란 게으를 해(懈), 게으를 타(惰)이다. 자라의 느릿느릿한 행동을 게으름에 비유한 것이다. 사실 거북이과 종류의 동물이 게으르다고 생각되지는 않는다. 게으른 것은 부지런할 수 있음에도 불구하고, 행동이 느리고 움직이거나 일하기를 싫어하는 태도나 버릇이라는 뜻이기 때문이다. 자라가 일부러 느리게 움직이는 것은 아니다. 자라는 자신의 신체적 구조 안에서는 최선을 다해 열심히 움직일 것이다. 어떻게 보면 동물은 본능에 의해 살아가는 생명체이기 때문에 일부러 게으르지 않는다. 도리어 지각을 사용하는 사람이 더 게으를 수 있다.

게으름의 결과로는 첫째, 가난하게 된다. "손을 게으르게 놀리는 자는 가난하게 되고 손이 부지런한 자는 부하게 되느니라(잠10:4)" 둘째, 다른 사람에게 부림을 당하게 된다. "부지런한 자의 손은 사람을 다스리게 되어도 게으른 자는 부림을 받느니라(잠12:24)" 셋째, 손해를 본다. "게으른즉 서까래가 내려앉고 손을 놓은즉 집이 새느니라(전10:18)" 넷째, 결국 후회하게 된다. 마태복음 25장의 달란트 비유에서 한 달란트 받았던 종이 그 돈을 땅에 감추어 두고 일하지 않았다. 결국 주인이 돌아와서 결산할 때 이 한 달란트 받았던 종은 게으른 종이라고 책망 받았다. "그 주인이 대답하여 이르되 악하고 게으른 종아 나는 심지 않은 데서 거두고 헤치지 않은 데서 모으는 줄로 네가 알았느냐(마25:26)" 그 결과 쫓겨나서 뼈저리게 후회한다. "이 무익한 종을 바깥 어두운 데로 내쫓으라 거기서 슬피 울며 이를 갈리라 하니라(마25:30)"

　또한 성경은 우리의 게으른 모습들을 지적한다. 첫째, 게으른 사람은 때에 맞는 행동을 하지 않는다. "게으른 자여 네가 어느 때까지 누워 있겠느냐 네가 어느 때에 잠이 깨어 일어나겠느냐(잠6:9)" 깨어 일어나야 할 때임에도 불구하고 여전히 잠자리에서 일어나지 않는다. 그런데 현대인에게 있어서 이러한 현상의 큰 이유 중의 하나는 잠을 자야 할 때 잠들지 않기 때문이다.

필자는 대도시의 생활과 농촌 생활을 다 해보았는데, 농촌에서는 해가 지면 밤 8시에서 9시만 되면 잠이 든다. 그리고 새벽 4시면 일어나서 농사일을 시작하고 활동을 한다. 그런데 대도시에서는 자정이 넘어도 길과 식당에 사람들이 여전히 활동한다. 요즘 텔레비전 드라마는 밤 11시가 되어야 끝이 난다. 그 드라마를 보고, 또 저녁식사가 그 때쯤이면 다 소화가 되어 배가 고파진다. 그러면 야식을 먹게 되고, 자정이 넘어야 잠이 들게 된다. 최근에는 스마트 폰의 영향으로 잠자리에 들어서도 스마트 폰을 보게 되는데, 그 스마트 폰의 빛이 한낮의 조도와 같다고 한다. 그러면 우리의 뇌는 그 시간을 낮으로 인식하여 각성 호르몬이 분비되고 결국은 깊은 잠이 들지 못하게 되는 것이다. 그러니 그 결과는 오롯이 다음 날 아침에 일어나지 못하게 만드는 것이다.

둘째, 게으른 사람은 당연히 해야 할 자신의 책임조차도 감당하지 않는다. "게으른 자는 그 잡을 것도 사냥하지 아니하나니 사람의 부귀는 부지런한 것이니라(잠12:27)" 셋째, 게으른 사람은 실행에 옮기는 결단력이 부족하다. "게으른 자는 마음으로 원하여도 얻지 못하나 부지런한 자의 마음은 풍족함을 얻느니라(잠13:4)" 넷째, 게으른 사람은 미리미리 준비하지 않는다. "게으른 자는 가을에 밭 갈지 아니하나니 그러므로 거둘 때에는 구걸할지라도 얻지 못하리라(잠20:4)" 다섯째, 게으른 사람은 아직 일어나지도 않은 일에 대해서 부정적으로 생각하는 경향이 있다. "게으른 자는 길에 사자가 있다 거리에 사자가 있다 하느니라(잠26:13)"

그리고 자라의 행동으로 비유된 또 하나의 마음의 성품이 있다. 그것은 '기회주의'다. 자라는 자기에게 위험한 일이 생기면 급히 머리가 들어간다. 그러다가 위험이 사라졌다고 생각되면 천천히 주위를 의식하면서 머리가 나온다. 이성봉 목사는 『명심도 강화』에서 그 모습을 이렇게 설명한다. "부지런하여 열심을 품고 주를 섬기라고 하였는데 이 놈의 자라는 편안할 적에는 목이 한 발만치 나오다가 누가 조금만 건드리면 쏙 들어가고 만다. 무슨 칭찬이나 영광 받을 일이 생기면 '나가보자'하고 큰일을 낼 것처럼 덤비다가도 무엇이 잘 안 되고 어려운 일을 당하면 '아이고, 난 모르겠다'하고 쥐구멍을 찾는다."

호랑이

자라 다음으로 나오는 그림은 '호랑이'다. 호랑이 하면 사람들은 누구나 '포악한 성질'을 생각할 것이다. 호랑이의 평소 모습은 점잖다. 평소에는 과묵하고 천천히 신중하게 걷는다. 그러나 그 호랑이가 화가 나면 누구도 당해낼 수 없을 만큼 무섭고 포악해진다. 이렇듯 호랑이는 극과 극의 모습을 가지고 있다. 상대방이 있지도 않은 것처럼 무관심하거나, 아니면 처참하게 갈기갈기 찢고 물어 죽인다.

스트레스가 많은 현대인들에게서 우리는 호랑이의 성품을 쉽게 볼 수 있다. 정신의학에서는 이것을 '분노 조절 장애'라고 말한다. 분노란 인간이 가진 기본적인 정서 중의 하나다. 그러나 분노는 반드시 조절되어야 한다. 사람과 사람 사이에 이해관계가 생기는 사회 공동체 속에서는 아무래도 분노의 감정이 올라오는 일이 생기기 마련이다. 그렇기 때문에 분노를 지배하고 조절하고 관리할 수 있어야 한다. 우리는 뉴스에서 폭행, 살인의 이유로 '홧김에 그랬다'는 말을 듣는다. 이 '홧김'이라는 말이 '분노 조절 장애'다.

성경은 '분노'를 조절하지 못하면 결국 자기 자신을 망치게 된다고 말한다. "악인의 강포는 자기를 소멸하나니 이는 정의를 행하기 싫어함이니라(잠21:7)" 분노는 자기 자신이 큰 손해를 보았거나 억울하다고 느낄 때 올라오는 감정이다. 억울함으로 치자면 예수처럼 억울하신 분도 없으실 것이다. 예수는 죄 없으신 하나님의 아들이다. 예수는 인간을 죄와 사망에서 구원하기 위하여 오셨다. 그러나 사람들은 예수를 하나님의 아들로 인정하지 않고 조롱하였고, 인간을 구원하기 위해

오신 분을 도리어 십자가에 못 박았다. 누구나 이런 상태가 되면 분노의 감정이 올라오게 된다. 그러나 예수는 분노하지 않으셨다. 분노의 상태를 한글 성경은 강포(强暴)라는 단어를 썼다. 예수는 강포하지 않으셨다. "그는 강포를 행하지 아니하였고 그의 입에 거짓이 없었으나 그의 무덤이 악인들과 함께 있었으며 그가 죽은 후에 부자와 함께 있었도다(사53:9)"

그러나 그날 베드로는 자신의 분노를 조절하지 못했다. 군사들이 예수를 잡으려고 왔을 때, 베드로는 칼을 휘둘러 제사장의 종 '말고'라는 사람의 귀를 떨어뜨렸다. 그 순간 예수는 그 어수선하고 급박한 순간에도 말고의 귀를 다시 붙여주셨다. 왜 그렇게 하셨을까? 만일 말고의 귀가 잘린 채 끝이 났다면, 베드로는 살인 미수와 상해죄로 결국 사도로 끝까지 쓰임받지 못했을 것이다. 그는 죄수로 평생을 살든지, 아니면 도망자로 살아야 했을 것이다. 분노를 조절하지 못하는 호랑이의 성품은 결국 자기 자신을 망하게 하고 만다. 예수는 베드로에게 분노 조절을 분부하셨다. "예수께서 일러 이르시되 이것까지 참으라 하시고 그 귀를 만져 낫게 하시더라(눅22:51)"

뱀

사람의 마음속에 자리 잡고 있는 악한 성품을 비유한 여섯 번째 그림은 '뱀'이다. 특별한 경우를 제외하고 대부분의 사람들은 '뱀'에 대한 혐오감이 있다. 과학자들 중에는 사람의 DNA 속에 뱀을 혐오하는 인자가 들어있어서, 뱀에 대한 혐오는 나중에 학습되는 것이 아니라 가지고 태어난다고 말하는 사람도 있다.

창세기 3장 말씀에 보면 뱀은 태초부터 사람과는 좋은 관계에 있지 못했다. 에덴동산에서 하와에게 선악과를 따먹도록 유혹한 장본인이 뱀이다. 하와가 선악과를 먹지 않았다면 사람들은 지금까지 에덴동산에서 낙원의 삶을 살았을 것이다. 하나님께서는 최초의 사람인 아담과 하와를 창조하시고 에덴동산에서 낙원의 삶을 살도록 복을 주셨다. 에덴동산의 각종 나무의 열매를 다 먹도록 허락해 주셨다. 그러나 오직 하나의 열매인 선악을 알게 하는 나무의 열매는 먹지 못하도록 하셨다. 왜냐하면 사람에게 모든 것이 가능하도록 허락된다면 사람은 자기 자신이 하나님께 지음 받은 피조물임을 망각하게 되기 때문이다. 그래서 하나님께서는 피조물인 사람이 자신의 본분을 지키며 하나님의 말씀 안에서 행복한 삶을 살 수 있도록, 경계선으로 선악과를 먹지 못하게 하신 것이다.

그러나 뱀은 사람이 그 경계를 넘도록 속삭였다. 그렇다면 뱀은 어떻게 유혹했을까? 바로 '거짓말'이다. 거짓말은 말 그대로 거짓인 말이지만, 다른 의미로는 진실이 아닌 것을 진실로 가장하는 말이다. 만일 거짓말이 처음부터 거짓말로 드러난다면 누가 그 거짓말에 속겠는가? 그러나 거짓말은 처음 들을 때는 진실로 들린다. 그래서 사람들은 거짓말에 쉽게 속는다. 결국 자신이 속았다는 것을 깨달은 후에야 거짓말이 진정 거짓말이었음을 깨닫게 된다. 그래서 거짓말은 반드시 이중적이다. 뱀을 거짓말에 비유한다. 거짓말을 뱀에 비유하는 것은 최초의 거짓말을 뱀(사탄)이 했기 때문이기도 하고, 또 뱀의 혀끝이 둘로 갈라진 것 때문이기도 하다. 뱀을 거짓말에 비유한 것은 그런 의미에서도 참 깊이 있는 통찰이다. 평생 거짓말 한 번 해 보지 않은 사람이 있을까? 거짓말 대회 일등의 거짓말이 "나는 평생 한 번도 거짓말을 해보지 않았다."는 유머가 있을 정도로 모든 사람은 거짓말을 쉽게 한다.

 심리학에서는 거짓말을 하는 이유를 "생존을 위해서, 열등감 때문에, 다른 사람을 통제하기 위해서"라고 말한다. 뱀의 특성을 통해 거짓말을 하는 이유를 3가지로 살펴볼 수 있다.

 첫째로 사람은 생존을 위해서 거짓말을 한다. 뱀은 파충류에 속하는 동물인데 파충류 중에도 가장 특이한 형태의 동물이다. 이 세상 어느 곳에나 분포되어 있는 가장 생존력이 강

한 동물 중의 하나다. 물, 사막, 높은 산에서도 산다. 성경에
도 보면 창세기 12장과 20장에 아브라함이 낯선 땅에 도착하
였을 때, 그곳 사람들이 자기를 죽이고 아내를 취할까 봐 아
내 사라를 누이라고 거짓말하는 장면이 나온다. 아브라함도
그가 가는 곳에서 생존하기 위해서 거짓말을 했다.

둘째로 사람은 열등감 때문에 거짓말을 한다. 뱀은 물고기
가 가지고 있는 지느러미가 없다. 육상 동물이 가지고 있는 다
리도 없다. 또한 조류가 가지고 있는 날개도 없다. 어떻게 보
면 다른 동물에 비해서 불리한 조건을 많이 가지고 있다. 열
등감을 가질 조건이 한두 가지가 아니다. 그렇기 때문에 그 불
리한 조건을 극복하기 위해서 독을 품게 된 것이다. 창세기
27장에 보면 '야곱'은 자신이 장자가 아닌 열등감 때문에 '에
서'라고 거짓말을 하고 아버지 '이삭'으로부터 장자의 축복을
받는다.

셋째로 사람은 다른 사람을 통제하기 위해서 거짓말을 한
다. 뱀은 긴 몸을 이용하여 먹잇감을 감는다. 꼼짝 못 하게 통
제하는 것이다. 그리고 이빨로 물고 독을 퍼트려 먹잇감을 마
비시킨다. 그리고 큰 입을 벌려 자기의 몸의 4배가 넘는 먹잇
감을 통째로 삼킨다. 이렇게 뱀은 아무리 큰 동물이라고 할지
라도 꼼짝 못 하게 통제할 수 있다. 거짓말도 이와 같다. 거짓
말은 사람의 이성을 마비시키고, 통제한다. 요한계시록 19장

에 보면 거짓 선지자들은 사람들을 미혹하기 위해서 거짓말을 한다. "짐승이 잡히고 그 앞에서 표적을 행하던 거짓 선지자도 함께 잡혔으니 이는 짐승의 표를 받고 그의 우상에게 경배하던 자들을 표적으로 미혹하던 자라 이 둘이 산 채로 유황불 붙는 못에 던져지고(계19:20)"

결론적으로 성경은 거짓말에 대해 경계한다. 첫째, 거짓말은 악인의 특징이다. "악인은 모태에서부터 멀어졌음이여 나면서부터 곁길로 나아가 거짓을 말하는도다(시58:3)" 둘째, 하나님께서는 거짓말을 미워하신다. "거짓 입술은 여호와께 미움을 받아도 진실하게 행하는 자는 그의 기뻐하심을 받느니라(잠12:22)" 셋째, 거짓말하는 자는 멸망하게 된다. "그러나 두려워하는 자들과 믿지 아니하는 자들과 흉악한 자들과 살인자들과 음행하는 자들과 점술가들과 우상 숭배자들과 거짓말하는 모든 자들은 불과 유황으로 타는 못에 던져지리니 이것이 둘째 사망이라(계21:8)"

그런데 우리는 왜 이런 악한 거짓말을 하게 되는 것일까? 그것은 우리의 마음 안에서 거짓말을 충동하는 마귀가 있기 때문이다. 마귀는 거짓의 아비라고 성경은 기록한다. "너희는 너희 아비 마귀에게서 났으니 너희 아비의 욕심대로 너희도 행하고자 하느니라 그는 처음부터 살인한 자요 진리가 그 속에 없으므로 진리에 서지 못하고 거짓을 말할 때마다 제 것으

로 말하나니 이는 그가 거짓말쟁이요 거짓의 아비가 되었음이
라(요8:44)"

여우

사람의 마음에 자리 잡고 있는 악한 성품에 비유한 일곱 번
째 그림은 '여우'다. 『명심도』에서는 여우를 '이리'라고 하였고,
이성봉 목사의 명심도 강화에서는 '여우'라고 하였다. 그리고
앞에서 소개한대로 명심도의 어린이 전도지 버전으로 발행된
'박군의 심정'에서는 이리나 여우 대신 '두꺼비'가 나오기도 한
다. 사실 어떤 동물이냐가 중요한 것이 아니다. 실제로 우리
의 마음속에 들어 있는 것은 동물이 아니기 때문이다. 우리의
마음속에는 여러 가지 성품들이 있고, 그 성품들을 동물에 비
유한 것이므로 어떤 성품이 있는지를 이야기하는 것이 중요하
다. 여기에서는 이성봉 목사의 명심도 강화에 표현된 '여우'로
살펴보겠다.

여우로 표현된 성품은 '교활'이다. '교활하다'는 것은 "꾀가
많고 간사하다"는 것이다. 여우는 이솝 우화에서도 꾀가 많은
동물로 그려진다. 그런데 이 꾀를 선한 일에 사용하면 좋겠는
데, 자기의 욕심을 위해서 남에게 피해를 주는 데 사용하기 때

문에 '간사하다, 교활하다'고 하는 것이다. 여우는 굴에서 생활하는 습성이 있다. 그러나 그에 반하여 굴을 잘 파는 기술은 없다고 한다. 그래서 오소리가 파놓은 굴에 오소리가 외출한 틈을 타 들어가서는 배변과 방뇨를 하여 더럽혀 놓는다. 여우의 항문선에서 분비된 분비물은 노린내가 지독하다고 한다. 그러면 오소리는 자기 굴이지만 살지 못하고 포기하게 되는데 그때 여우가 그 굴을 차지한다.

사람의 마음속에 있는 악한 성품 중에는 이렇게 교활한 마음이 있다. 정직하고 성실하게 수고하여 소득을 얻는 것에 만족하지 못하고, 우리 옛 속담대로 어떻게 하면 '손대지 않고 코를 풀 수 있을까?'하는 일종의 불로소득에 대한 욕심이 있다. "우리를 위하여 여우 곧 포도원을 허는 작은 여우를 잡으라 우리의 포도원에 꽃이 피었음이라(아2:15)" 여우는 땅 속에 있는 쥐나 두더지를 잡아먹기 때문에 땅을 판다. 그러면 포도원은 다 망가져 버린다. 자기의 욕심을 채우기 위해서 다른 사람에게 손해를 끼치기를 마다하지 않는 악한 성품이 우리에게 있다.

여우는 예수께서도 사용하신 표현이다. 어떤 바리새인들이 헤롯왕이 예수를 죽이려고 한다면서 떠나라고 하였을 때 예수께서는 헤롯왕을 여우라고 하셨다. "이르시되 너희는 가서 저 여우에게 이르되 오늘과 내일은 내가 귀신을 쫓아내며 병을 고치다가 제삼일에는 완전하여지리라 하라(눅13:32)" 헤롯왕(헤롯 안디바)은 이복 동생(헤롯 빌립)의 아내(헤로디아)를 취하려는 욕심에 자기 아내(나바티아 왕 아레타스의 딸)와 이혼하고, 이것을 비난한 세례요한을 감옥에 가두고 죽였다.

성경을 통해 교활(狡猾)함에 대하여 교훈 받을 수 있다. 첫째, 교활함은 남을 괴롭히는 방법을 만들어 낸다. "그가 우리 족속에게 교활한 방법을 써서 조상들을 괴롭게 하여 그 어린 아이들을 내버려 살지 못하게 하려 할새(행7:19)" 둘째, 교활함은 자기 욕심을 채우기 위한 마음이다. "이같은 자들은 우리 주 그리스도를 섬기지 아니하고 다만 자기들의 배만 섬기나니 교활한 말과 아첨하는 말로 순진한 자들의 마음을 미혹하느니라(롬16:18)" 셋째, 하나님께서는 교활함을 꺾으신다. "하나님은 교활한 자의 계교를 꺾으사 그들의 손이 성공하지 못하게 하시며(욥5:12)"

이상으로 우리는 사람의 마음속에 있는 악한 성품 일곱 가지를 동물들에 비유하여 살펴보았다. 사람의 악한 성품은 일곱 가지만 있는 것은 아니다. 다만 그 대표적인 것들을 성경의 완전수인 '7'에 맞추어 표현했다고 보는 것이 옳다. 그러므로 우리는 이 외에도 우리의 마음 안에 많은 악한 성품이 있다는 것을 깨닫고 인정하는 것이 중요하다. 중세시대의 수도사들은 이 일곱 가지의 악한 성품을 일곱 가지 큰 죄악으로 규정하고 일주일을 한 단위로 매일 한 가지의 악한 성품을 회개하는 기도를 드렸다고 한다.

성경에는 우리의 악한 성품을 나타내는 여러 말씀들이 기록되어 있는데 그 중에 로마서 1장 28~31절 말씀은 이렇게 기록한다. "또한 그들이 마음에 하나님 두기를 싫어하매 하나님께서 그들을 그 상실한 마음대로 내버려 두사 합당하지 못한 일을 하게 하셨으니 곧 모든 불의, 추악, 탐욕, 악의가 가득한 자요 시기, 살인, 분쟁, 사기, 악독이 가득한 자요 수군수군하는 자요 비방하는 자요 하나님께서 미워하시는 자요 능욕하는 자요 교만한 자요 자랑하는 자요 악을 도모하는 자요 부모를 거역하는 자요 우매한 자요 배약하는 자요 무정한 자요 무자비한 자라(롬1:28~31)" 우리에게는 많은 악한 성품들이 있음을 알 수 있다. 특히 28절에서는 이러한 성품의 사람들은 '하나님을 그 마음에 두기 싫어하는 사람들의 성품'이라고 분명히 말씀하고 있다.

『명심도』에서는 제1도 그림의 제목을 "세상 사람의 마음이 욕심에 빠짐을 의론함이라"고 되어 있고, 이성봉 목사의 명심도 강화에서는 "옛 사람의 상태"라고 되어 있다. 사람은 아담과 하와로부터 죄의 본성이 유전되어 왔다. 그래서 우리의 마음속에는 악한 성품들이 자리 잡고 있다. 평소에는 깊은 무의식 속에 가라앉아 있지만, 어떤 자극이 가해지면 그 성품들이 올라온다. 더러운 물도 가만히 두면 찌꺼기들이 가라앉아서 위에는 맑은 물이 보이지만, 흔들면 더러운 찌꺼기들이 올라오면서 물이 온통 더러워진다. 마찬가지로 우리의 마음 중심에 마귀가 자리 잡고 있으면 이 마귀가 그 악성 성품들을 삼지창으로 찔러서 표출을 시킨다. 그때 우리의 삶에는 많은 문제들이 생겨난다.

천사

지금까지는 사람의 외모와 더불어 사람의 마음속에 있는 악한 성품들을 짐승에 비유하여 살펴보았다. 사람에게는 밖으로 드러나 보이는 외모와 내면에 감추어진 마음이 있다. 성경은 이 모든 것을 구별하여 '영, 혼, 육'이라고 말한다. "평강의 하나님이 친히 너희를 온전히 거룩하게 하시고 또 너희의 온 영과 혼과 몸이 우리 주 예수 그리스도께서 강림하실 때에 흠 없게 보전되기를 원하노라(살전5:23)" 그런데 우리의 육체(몸)는 흙으로 창조되었기에 반드시 죽음을 통해 흙으로 돌아가게 되어 있다. "네가 흙으로 돌아갈 때까지 얼굴에 땀을 흘려야 먹을 것을 먹으리니 네가 그것에서 취함을 입었음이라 너는 흙이니 흙으로 돌아갈 것이니라 하시니라(창3:19)"

그러나 우리의 영혼은 영원히 존재한다. 이것을 '영혼불멸론'이라고 한다. 그런데 문제는 "영혼이 어디에서 영원히 살 것이냐?"하는 것이다. 하나님께서는 우리의 영혼이 거할 곳으로 두 곳을 정해 놓으셨다. 한 곳은 천국이고, 다른 한 곳은 지옥이다. 그리고 천국과 지옥 중 어느 곳으로 가게 될 것인지는 죽음 이후 심판으로 결정된다. 우리의 영혼이 육체를 떠나면 그때 하나님께서 심판하신다. "한 번 죽는 것은 사람에게 정해진 것이요 그 후에는 심판이 있으리니(히9:27)"

하나님께서 우리를 심판하실 때 어떤 기준으로 심판하시는 것일까? 하나님의 심판의 기준은 죄다. 죄가 있으면 지옥으로 가게 되고, 죄가 없으면 천국으로 가게 된다. 우리의 영혼은 불멸한다. 그렇다고 지옥에서 영원히 사는 것을 '영생'이라고 하지 않는다. 죽는 것만 못하기 때문이다. 그래서 지옥에서 영원히 사는 것을 '영벌'이라고 하고, 천국에서 영원히 사는 것을 '영생'이라고 한다. "그들은 영벌에, 의인들은 영생에 들어가리라 하시니라(마25:46)" 영생 즉 천국은 죄가 전혀 없는 사람만 들어가게 된다. 이러한 사람을 '의인'이라고 한다. 그러면 누가 의인일까? 안타깝게도 성경은 의인은 한 사람도 없다고 기록한다. "기록된 바 의인은 없나니 하나도 없으며(롬3:10)" 이 말씀은 결국 모든 사람은 다 죄인이라는 뜻이다. "모든 사람이 죄를 범하였으매 하나님의 영광에 이르지 못하더니(롬3:23)"

사람은 태초에 아담과 하와의 불순종으로 죄의 본성을 갖게 되었다. 그 본성이 유전되어 누구나 죄의 본성을 가지고 태어나게 된다. 이것을 '원죄'라고 한다. 사람이 감염병에 걸리면, 어떤 세균에 감염되었는지를 알기 위해 '세균배양검사'를 하게 된다. 세균이 한 마리라도 있다면 배양 검사에서 세균이 증식하는 것을 알게 된다. 그러나 처음부터 세균이 한 마리도 없다면 아무리 배양해도 세균은 없게 된다. 마찬가지로 모든 사람이 그 죄의 본성을 가지고 태어났기 때문에 우리의 마음 안에서 배양되어 죄가 성장하게 되고, 결국 밖으로 드러나는 죄를 짓게 되는 것이다. 이렇게 생각, 말, 행동 등으로 짓게 된 죄를 '자범죄'라고 한다.

결국 모든 사람은 그 본성적으로 가지고 태어난 원죄가 성장하여 자범죄를 짓게 되고 그 원인과 결과로 인하여 영벌인 지옥 심판을 받게 되는 것이다. '사람의 마음'의 제1도에서는 사람의 외모와 내면의 모습뿐만 아니라, 사람의 밖에 있는 등장인물들이 있다. 그 첫 번째 등장인물은 천사다. 사람의 우측 편에서 천사가 손가락으로 사람을 가리키는 모습을 볼 수 있다. 천사는 사람의 밖에서 무엇을 이야기하려고 손가락으로 가리키고 있는 것일까? 사람의 마음 속 악한 성품과 그로 인한 죄로 말미암아 결국 지옥에 가게 된다는 사실을 깨닫게 하기 위한 것이다. "존귀하나 깨닫지 못하는 사람은 멸망하는 짐승 같도다(시49:20)"라는 말씀처럼 깨닫는 것이 먼저다.

예쁜 꽃을 꺾어 화병에 꽂아 놓으면 당장은 활짝 펴 살아있는 것처럼 보이지만, 그 뿌리가 없기 때문에 얼마 되지 않아 시들어버리고 만다. 그러므로 지금 당장 활짝 피었다고 해서 그것만 보고 곧 시들 것을 깨닫지 못한다면 얼마나 어리석은 생각인가? 이 땅에서 잠시 살아가는 동안 마음 안에 있는 악한 성품들로 잠시 세상적인 부유함과 쾌락은 누릴 수 있을지 모르지만, 곧 늙고 병들고 죽게 되면 그 육체는 흙으로 돌아가고 그 영혼은 지옥으로 가게 되는 것이다. 그것을 깨달으라고 천사가 가리키고 있는 것이다.

성령

'사람의 마음' 제1도에서 사람의 밖에 있는 두 번째 등장인물은 '성령'이다. 성령은 사람의 밖에 계신다. 성령은 성부 하나님, 성자 예수님과 더불어 삼위일체 하나님이다.

예수께서 열두 제자들을 부르셨을 때 그들은 12명이었지만, 얼마나 제각각이었는지 모른다. 어부로 우격다짐의 성격인 베드로, 천둥의 아들이라는 별명이 있을 정도로 욱하는 성질의 요한, 의심 많은 도마, 오직 돈을 많이 벌 수 있다면 로마의 앞잡이라도 되겠다는 마태, 폭력주의자 시몬, 기회주의자 가룟 유다. 그런데 이런 사람들을 예수께서는 3년 동안 함께 하시면서 가르치시고 훈련시키시고 능력도 주셨다. "예수께서 그의 열두 제자를 부르사 더러운 귀신을 쫓아내며 모든 병과 모든 약한 것을 고치는 권능을 주시니라(마10:1)" 그런데 어느 날 예수께서 십자가에 못 박혀 죽으실 날이 다가오자 제자들에게 그 말씀을 하셨다. "내가 곧 죽고 부활하여 하늘나라로 올라갈 것이다." 그러자 제자들은 걱정한다. 지금까지 예수께서 곁에 계셨기에 이런 제각각의 사람들이 하나 될 수 있었고, 지금까지 내 인생의 전부라고 했던 것을 버리고 예수를 따를 만큼 인생의 참 행복도 느꼈다.

그런데 이제 예수께서 안 계시면 우리들은 어떻게 할지를 걱정하자 예수께서는 제자들을 안심시켜 주셨다. "내가 아버지께 구하겠으니 그가 또 다른 보혜사를 너희에게 주사 영원토록 너희와 함께 있게 하리니(요14:16)" 보혜사란 한자 그대로 풀면 '보호해 주시고, 은혜 베풀어 주시고, 가르쳐 주시는 분'이라는 뜻이다. 헬라어로는 '파라클레토스'다. 이는 보혜사, 협조자, 보호자, 위로자, 상담자, 돕는 자를 뜻한다. 예수께서 제자들에게 '다른' 보혜사를 보내주시겠다고 하신다. 다른 보혜사라는 말씀은 이미 보혜사가 있다는 말씀이다.

이미 제자들에게 예수는 보혜사셨다.

가만히 보면 예수의 열두 제자들은 다 각자 어떻게 해서든지 험한 세상 살아보려고 발버둥 치던 사람들이었다. 그리고 또 가만히 생각해보면 삶의 참된 만족과 행복은 누리지 못하고 있었다. 그러다가 예수를 만났다. 지난 3년 동안 인생에서 처음으로 보혜사를 만났다. 그런데 그 보혜사인 예수께서 떠나시겠다고 하신다. 그런데 예수께서는 걱정하지 말라고 하신다. 왜냐하면 다른 보혜사를 보내주실 것이기 때문이다. 그 보혜사가 바로 '성령'이다. "보혜사 곧 아버지께서 내 이름으로 보내실 성령 그가 너희에게 모든 것을 가르치시고 내가 너희에게 말한 모든 것을 생각나게 하시리라(요14:26)" 그렇기 때문에 예수께서는 제자들에게 보혜사이신 성령을 받기 전에는 예루살렘을 떠나지 말고 오직 성령 받을 때까지 기다리라고 하신 것이다.

가만히 생각해 보자. 이제 험한 세상으로 나간다. 그런데 보혜사와 함께 나가는 것과 보혜사 없이 나가는 것이 얼마나 큰 차이인가? 보혜사, 협조자, 보호자, 위로자, 상담자, 돕는 자가 곁에 있는 삶과 아무도 없는 삶을 비교해서 생각해 보라. 그 삶이 얼마나 다르겠는가? 그런데 '사람의 마음' 제1도에서 자연인 즉, 거듭나지 않은 사람의 상태는 '성령께서 보혜사로 함께 계시지 않은 상태'다. 우리가 보통 성령의 충만함을 받는다고 표현한다. 성령의 충만함이라는 것은 충만함 곧 가득함이라고 생각할 수 있다. 성령 충만함은 성령의 가득한 상태다. 중요한 것은 가득한 후 우리의 모습이다. 성령의 충만이라는 것은 성령께서 내 삶의 전 영역에 충만하심으로 내 삶을 온전히 다스려주신다는 뜻이다.

그런데 제1도에서는 성령으로 충만하지 않고, 마귀가 중심에서 사람을 다스리고 있고, 악한 성품들을 발동시켜 죄를 짓고 삶에 실패하게 만든다. 『명심도』에서는 성령을 '비둘기'와 '불'로 표현하고 있다. 성경말씀에 보면 예수께서 세례를 받으실 때 성령께서 비둘기 같이 강림하신 모습을 볼 수 있다. "예수께서 세례를 받으시고 곧 물에서 올라오실 새 하늘이 열리고 하나님의 성령이 비둘기 같이 내려 자기 위에 임하심을 보시더니(마3:16)" 성령이 곧 비둘기는 아니다. 그러나 성령께서 임하시는 모습이 비둘기가 정확한 목적지에 내려앉는 모습처럼 예수에게 임하신 것을 본 것이다.

또 성령을 '불'로 표현하였다. 사도행전 2장에서 오순절에 120명의 성도들이 마가다락방에서 성령을 받을 때 성령께서 불과 같은 모습으로 임하셨다. "마치 불의 혀처럼 갈라지는 것들이 그들에게 보여 각 사람 위에 하나씩 임하여 있더니 그들이 다 성령의 충만함을 받고 성령이 말하게 하심을 따라 다른 언어들로 말하기를 시작하니라(행2:3~4)"

그 외에도 성경은 성령을 여러 모습으로 표현한다. 첫째는 비둘기로, 둘째는 불로, 셋째는 바람으로 표현한다. "홀연히 하늘로부터 급하고 강한 바람 같은 소리가 있어 그들이 앉은 온 집에 가득하며(행2:2)" 넷째는 기름으로 표현한다. "하나님이 나사렛 예수에게 성령과 능력을 기름 붓듯 하셨으매 그가 두루 다니시며 선한 일을 행하시고 마귀에게 눌린 모든 사람을 고치셨으니 이는 하나님이 함께 하셨음이라(행10:38)" 그리고 성경에 나타나는 말씀은 아니지만, 문헌에 보면 중세시대의 사막에 살았던 수도사들은 성령을 '기러기'라고 표현했다고 한다. 왜 기러기냐 하면 기러기는 길들일 수 없는 새이기 때문이다. 성령은 사람에 의해서 길들여지시지 않으신다. 즉, 성령께서는 성령의 의지와 인격으로 역사하시는 분이시다. 그러므로 우리가 성령을 움직일 수 있는 것이 아니라, 우리가 성령의 뜻에 순종해야만 한다. 그래서 성령께서 각 사람에게 은사를 나누어주실 때에도 성령의 뜻대로 나누어주신다. "이 모든 일은 같은 한 성령이 행하사 그의 뜻대로 각 사람에게 나누어 주시는 것이니라(고전12:11)"

우리는 지난 시간에 천사를 통해서 원죄와 자범죄의 문제를 해결하고, 또한 죄에서 벗어나지 않으면, 결국 지옥의 영벌을 받게 된다는 사실을 깨달았다. 그런데 우리의 죄를 대신 담당하시기 위해서 하나님의 아들 예수님께서 인간의 몸을 입고

이 땅에 오셨다. 하나님께서는 그 사실을 믿는 사람은 다 죄를 용서해주시고 하나님의 자녀가 되는 권세를 주셨다. "하나님이 세상을 이처럼 사랑하사 독생자를 주셨으니 이는 그를 믿는 자마다 멸망하지 않고 영생을 얻게 하려 하심이라(요 3:16)", "영접하는 자 곧 그 이름을 믿는 자들에게는 하나님의 자녀가 되는 권세를 주셨으니(요1:12)"

우리가 구원받는 길은 오직 하나님의 아들 예수를 내 삶의 주님으로 영접하는 방법밖에는 없다. 그런데 예수를 영접하도록 도와주시는 분이 성령이다. "그러므로 내가 너희에게 알리노니 하나님의 영으로 말하는 자는 누구든지 예수를 저주할 자라 하지 아니하고 또 성령으로 아니하고는 누구든지 예수를 주시라 할 수 없느니라(고전12:3)"

제1도 거듭나지 않은
사람의 마음

　첫 번째 그림은 '거듭나지 않은 사람의 마음'이다. 『명심도』
에서는 "세상 사람의 마음이 욕심에 빠짐을 논함이라"고 기록
한다. 그리고 이성봉 목사의 '명심도 강화'에서는 '옛 사람의
상태'라고 말한다. 성경 말씀에 예수를 믿고 구원받기 전의 상
태를 '옛 사람'이라고 표현하고 있는 말씀이 몇 구절 있다.

　첫째로 로마서 6장 6절의 말씀이다. "우리가 알거니와 우
리의 옛 사람이 예수와 함께 십자가에 못 박힌 것은 죄의 몸이
죽어 다시는 우리가 죄에게 종노릇 하지 아니하려 함이니(롬

6:6)" 여기서는 옛 사람을 예수와 함께 십자가에 못 박히기 전의 상태, 아직 죄의 몸이 죽지 않은 상태, 그래서 죄에게 종노릇하고 있는 상태라고 기록한다.

둘째로 에베소서 4장 22절 말씀이다. "너희는 유혹의 욕심을 따라 썩어져 가는 구습을 따르는 옛 사람을 벗어 버리고(엡 4:22)" 여기서는 유혹의 욕심을 따라 사는 상태, 결국 죽어 썩어버리게 될 육체의 쾌락만을 추구하는 습성을 따르는 상태가 옛 사람이라고 기록한다.

셋째로 골로새서 3장 9절 말씀이다. "너희가 서로 거짓말을 하지 말라 옛 사람과 그 행위를 벗어 버리고(골3:9)" 여기서는 벗어버려야 할 행위를 하고 있는 상태를 옛 사람이라고 기록한다. 구체적으로는 골로새서 3장 5절에서 9절까지 말씀을 통해 벗어버려야 할 행위들이 제시되고 있다. "그러므로 땅에 있는 지체를 죽이라 곧 음란과 부정과 사욕과 악한 정욕과 탐심이니 탐심은 우상 숭배니라 이것들로 말미암아 하나님의 진노가 임하느니라 너희도 전에 그 가운데 살 때에는 그 가운데서 행하였으나 이제는 너희가 이 모든 것을 벗어 버리라 곧 분함과 노여움과 악의와 비방과 너희 입의 부끄러운 말이라 너희가 서로 거짓말을 하지 말라 옛 사람과 그 행위를 벗어 버리고(골3:5~9)"

제1도의 그림은 겉모습은 사람들 보기에 좋은 인상과 신사적인 모습을 갖추고 있다. 그러나 막상 그 마음을 들여다보면 마음의 중심은 마귀가 차지하여 지배하고 있다. 육의 눈은 뜨고 있지만, 영안과 지안은 감고 있다. 양심은 둔하여 죄를 지어도 죄책감에 예민하지 않다. 교만(공작새), 호색(염소), 탐욕(돼지), 게으름과 기회주의(자라), 포악(호랑이), 거짓말(뱀), 교활(여우)한 마음이 가득하다. 언제라도 마귀가 찌르면 그 마음이 발동하여 죄를 지을 수 있다. 『명심도』는 제1도의 그림을 통해서 "마음을 바르게 하고 뜻을 진실하게 하려면 겉모양을 살필 것이 아니요, 속마음을 살펴 은밀한 생각을 바르게 하여야 할 것이라"고 당부한다. 또한 "만일 정욕이 일어나는 것을 살피고 막지 아니하면 장래에 방자한 마음을 좇아 망령되이 행하여 죄악에 깊이 빠질 것이라"고 경고한다.

거듭나지 않은 사람의 주변에 천사와 성령께서 계신다. 천사는 손가락으로 옛 사람을 가리키면서 자신의 상태를 깨달으라고 한다. 그리고 성령께서는 사람의 마음속으로 아직 들어가지는 못하셨지만, 떠나지 않고 언제라도 사람의 마음속에 들어가시고자 기다리고 계신다. 이것을 명심도는 '기회'라고 말한다. "이때에 비록 성령의 빛이 비취이고 천사의 호위함이 있을지라도 그의 좋아하지 않는 참 이치로 그의 좋아하는 정욕을 능히 바꿀 수 없는지라. 그러나 아직 성령이 떠나가지 아니함은 행여나 회개할 기회가 있을까 기다림이요"라고 말한다. 이성봉 목사는 명심도를 강화할 때에 복음성가를 많이 곁들여 불렀다. 그 중에 '은혜 주실 때'라는 찬송이 있다. 찬송의 가사를 음미하면서 거듭날 수 있는 기회를 놓치지 말아야 한다.

1절) 성도들아 이시간은 은혜 받을 기회로다 허락하신 성령역사 우리위에 임하셨네 기회로다 이시간은 은혜 받을 기회로다 믿읍시다 받읍시다 이후 기회 믿지마라

2절) 내일아침 있다 해도 인명생사 모르나니 네 일생에 은혜기회 늘 있는 줄 생각마라 기회로다 이시간은 은혜 받을 기회로다 믿읍시다 받읍시다 이후 기회 믿지마라

3절) 타오르는 제단위에 모든 죄짐 던지어라 성령 불에 못 태운 죄 주님가슴 태우누나 기회로다 이시간은 은혜 받을 기회로다 믿읍시다 받읍시다 이후 기회 믿지마라

4절) 구하여라 사모하라 겸손하고 순종하라 은혜 깊은 하나님이 우리 더욱 사랑하리 기회로다 이시간은 은혜 받을 기회로다 믿읍시다 받읍시다 이후 기회 믿지마라

5절) 네 일체를 주께 바쳐 성령충만 하게 될 때 성결은혜 확실하고 사랑불꽃 사자되리 기회로다 이 시간은 은혜 받을 기회로다 믿읍시다 받읍시다 이후 기회 믿지마라

제2도
회개하는 사람의 마음

제2도 회개하는
사람의 마음

　두 번째 그림은 '회개하는 사람의 마음'이다. 회개란 뉘우칠 회(悔)에 고칠 개(改)를 사용한다. 뉘우친다는 것(悔)은 '현재의 자기 상태가 잘못 되었다는 사실을 깨닫는 것'이다. 깨닫는 것이 가장 중요하다. 깨닫는 것은 변화의 시작이다. "존귀하나 깨닫지 못하는 사람은 멸망하는 짐승 같도다(시49:20)"

　자기 집이 더럽다고 생각하지 못하면 청소할 수 없고, 자기 몸이 병들었다고 깨닫지 못하면 병원에 갈 수 없으며, 자신이 스스로를 구원할 수 없는 죄인이라는 사실을 깨닫지 못하면 구원자를 찾을 수 없다. 먼저는 깨닫는 것이 은혜다. '고친다는 것'(改)은 갖고 있던 생각을 바꾸고, 가던 방향을 바꾸고, 하던 행동을 바꾸는 것이다. 비록 깨닫기는 했지만 실행하지 못한다면 깨달음은 아무 소용이 없다.

야고보는 고치는(改) 실행이 없는 사람은 거울을 통해 자신의 얼굴에 티가 묻은 것을 확인하고도 티 제거하기를 잊어버린 사람과 같다고 했다. "누구든지 말씀을 듣고 행하지 아니하면 그는 거울로 자기의 생긴 얼굴을 보는 사람과 같아서 제 자신을 보고 가서 그 모습이 어떠했는지를 곧 잊어버리거니와 자유롭게 하는 온전한 율법을 들여다보고 있는 자는 듣고 잊어버리는 자가 아니요 실천하는 자니 이 사람은 그 행하는 일에 복을 받으리라(약1:23~25)"

회개의 대표적인 예가 누가복음 15장에 나오는 탕자다. 사실 성경에 '탕자'라는 명칭은 없다. 다만 둘째 아들이라고 되어있다(눅15:12). 그러나 우리는 그 둘째 아들을 탕자라고 부른다. '탕자(蕩子)'라는 말에서 '탕(蕩)'자는 여러 가지 뜻이 있다. '쓸어버리다', '흐리게 하다', '흩어버리다' 등의 뜻이다. 집안에 탕자가 있으면 집 안의 재산을 쓸어버리고, 자신의 판단을 흐리게 하고, 안정과 질서를 흩어버린다. 그런 뜻에서 둘째 아들을 '탕자'라고 부르는 것이다.

필자가 탕자의 비유를 설교했을 때, 제목을 '반항하는 인생,

방황하는 인생, 방향 있는 인생'이라고 붙인 적이 있다. 탕자는 처음에는 아버지에게 반항했고, 그러다가 인생을 방황하다가 결국은 아버지께로 다시 돌아가겠다고 방향을 정했다. 탕자는 회개했다. 처음에 탕자는 '회(悔)'했다. 자신의 처지와 잘못을 깨달았다. "이에 스스로 돌이켜 이르되 내 아버지에게는 양식이 풍족한 품꾼이 얼마나 많은가 나는 여기서 주려 죽는구나 내가 일어나 아버지께 가서 이르기를 아버지 내가 하늘과 아버지께 죄를 지었사오니 지금부터는 아버지의 아들이라 일컬음을 감당하지 못하겠나이다 나를 품꾼의 하나로 보소서 하리라 하고(눅15:17~19)"

그러나 생각만 하고 실행하지 않았다면 탕자는 여전히 그 자리에 있었을 것이다. 그러나 탕자는 실행했다. "이에 일어나서 아버지께로 돌아가니라 아직도 거리가 먼데 아버지가 그를 보고 측은히 여겨 달려가 목을 안고 입을 맞추니(눅15:20)" 회개란 자신의 마음속에 마귀가 자리 잡고 조정하고 있다는 것과 여러 가지 악한 성품들이 마귀의 찌름에 발동하여 행동으로 죄를 짓는다는 사실을 깨닫고 고치는 것이다. 깨달음은 복음의 말씀을 통해서 주어진다. 제2도에서 우측 상단에 보면 천사가 손에 칼과 해골을 들고 있다. 이것은 "한 번 죽는 것은 사람에게 정해진 것이요 그 후에는 심판이 있으리니(히9:27)" 라는 말씀을 전하는 것이다. 해골은 죽음이요,

칼은 심판을 상징하기 때문이다.

깨달음은 말씀을 통해서 온다. "주의 말씀을 열면 빛이 비치어 우둔한 사람들을 깨닫게 하나이다(시119:130)" 직접 천사가 나타나서 하나님의 말씀을 전할 수도 있겠지만, 우리 주변에는 천사와 같이 하나님의 메시지를 전하는 복음전도자들이 많이 있다. 그들을 통해 하나님의 말씀을 들어야 한다. 말씀은 씨와 같다. "이 비유는 이러하니라 씨는 하나님의 말씀이요(눅8:11)" 씨가 땅에 뿌려졌다고 해서 바로 싹이 트는 것은 아니다. 씨는 습도와 온도가 맞을 때 싹이 트는 것이다. 말씀의 씨가 심겨지면 성령께서 그 마음속에 말씀이 싹을 틔울 수 있는 환경을 만드신다. "보혜사 곧 아버지께서 내 이름으로 보내실 성령 그가 너희에게 모든 것을 가르치고 내가 너희에게 말한 모든 것을 생각나게 하리라(요 14:26)"

제2도에 보면 사람의 왼편에 비둘기로 상징된 성령께서 빛을 비추신다. 그러면 그 빛이 사람의 마음속을 비추어 말씀이 깨달아지도록 만드신다. 마음에 변화가 일어나고 있다. 빛을 잃었던 양심이 다시 빛을 내기 시작한다. 감겼던 눈이 떠지기 시작한다. 아직은 마귀와 악한 성품들이 다 떠나간 것은 아니지만, 그래도 안쪽으로 향해 있던 방향이 바깥쪽으로 바뀌었다. 방향이 중요하다. 모든 움직이는 것은 방향대로 나가게

된다. "초고속 시대는 속도보다도 방향에 관심을 가져야 한
다."는 역설적 표현히 중요한 메시지로 다가온다.

제3도
거듭난 사람의 마음

제3도 거듭난
사람의 마음

    세 번째 그림은 '거듭난 사람의 마음'이다. 한자로 중생이라
고 표현한다. 현대인들에게는 낯선 표현이다. 중생(다시 중
重, 날 생生)은 '다시 태어나다', '거듭나다'는 뜻이다. 이것은
예수님께서 친히 말씀하신 것이다. 한 밤 중에 예수님을 찾아
온 니고데모에게 예수님께서는 '거듭남'을 말씀하셨다. "예수
께서 대답하여 이르시되 진실로 진실로 네게 이르노니 사람이
거듭나지 아니하면 하나님의 나라를 볼 수 없느니라(요3:3)"
이 거듭남의 개념은 학식이 높은 유대인 지도자였던 니고데모

조차도 이해할 수 없는 말씀이었다. 그래서 그는 거듭남을 어머니 자궁에 들어갔다가 다시 태어나는 것으로 이해했다. "니고데모가 이르되 사람이 늙으면 어떻게 날 수 있사옵나이까 두 번째 모태에 들어갔다가 날 수 있사옵나이까(요3:4)" 그러나 사람이 한 번 태어나면 다시 어머니 자궁 속으로 들어갈 수 없다. 그러므로 이것은 몸의 다시 태어남을 의미하는 것이 아니다. 예수님께서는 어머니 자궁 속으로 들어갔다가 다시 태어나는 것은 아무 의미가 없다고 말씀하셨다. "육으로 난 것은 육이요……(요3:6)"

우선 우리가 거듭나야 하는 이유를 알아야 한다. 사람이 태어날 때는 부모님으로부터 유전자를 물려받아 태어난다. 그런데 그 유전자 속에는 태초의 에덴동산에서 아담과 하와가 범죄한 죄의 유전자가 포함되어 있다. 우리가 그것을 원죄(原罪, original sin)라고 한다. 누룩을 빵 반죽에 조금 넣은 후 숙성을 시키면, 누룩은 빵 반죽 안에서 점점 번식하여 온 반죽에 퍼지고 반죽을 부풀게 하는 성질이 있다. 죄는 누룩과 같다. 누룩이 없으면 아무리 숙성시켜도 반죽은 부풀지 않는다. 그러나 적은 양의 누룩이라도 반죽 안에 있으면 숙성시킬수록 퍼지게 된다. 원죄를 가지고 태어난 사람은 삶을 살아가며 그 안의 원죄가 번식하여 커지고 결국 행동의 죄를 짓게 된다. "적은 누룩이 온 덩이에 퍼지느니라(갈5:9)" 우리가 아버지의 씨와 어머니의 자궁으로부터 부모의 모든 유전자를 물려받아 태어났는데, 다시 그 부모로부터 태어난들 변화되는 것은 아무것도 없다.

거듭나야 한다는 말씀은 부모로부터 다시 태어나는 것이 아니라, 성령으로부터 다시 태어나는 것이다. "예수께서 대답하시되 진실로 진실로 네게 이르노니 사람이 물과 성령으로 나지 아니하면 하나님의 나라에 들어갈 수 없느니라(요3:5)" 육신의 부모에게 태어난 사람은 부모의 유전자를 받아 태어난 것처럼, 성령으로 태어나는 사람은 성령의 유전자를 받아 태어난다. 부모의 유전자 속에 죄가 있다면, 성령의 유전자 속에는 하나님의 말씀이 있다. "너희가 거듭난 것은 썩어질 씨로 된 것이 아니요 썩지 아니할 씨로 된 것이니 살아 있고 항상 있는 하나님의 말씀으로 되었느니라(벧전1:23)"

그러므로 누룩이 퍼지듯, 죄의 씨가 우리 마음에 들어 있으면 죄가 퍼지고, 하나님의 말씀의 씨가 들어 있으면 말씀이 퍼진다. 흥미로운 것은 누룩은 '죄'로도 비유하지만, '하나님의 나라'로도 비유한다. "또 비유로 말씀하시되 천국은 마치 여자가 가루 서 말 속에 갖다 넣어 전부 부풀게 한 누룩과 같으니라(마13:33)" 우리는 이미 부모로부터 이 땅에 태어나 부모의 자녀가 되었다. 그리고 예수 그리스도를 영접하여 성령으로 거듭남으로 하나님의 자녀가 되었다. "영접하는 자 곧 그 이름을 믿는 자들에게는 하나님의 자녀가 되는 권세를 주셨으니 이는 혈통으로나 육정으로나 사람의 뜻으로 나지 아니하고 오직 하나님께로부터 난 자들이니라(요1:12~13)"

제3도를 보면 '거듭난 사람'은 외모부터 변해 있다. 얼굴 표정이 온화하다. '얼굴'이란 사람의 마음, 정신을 나타내는 '얼'이 밖으로 나오는 '굴'이라는 뜻이다. 사람의 얼굴은 사람의 마음을 표현한다. 마음 안에 죄의 성품으로 가득한 사람과 성령의 성품으로 가득한 사람의 얼굴 표정이 다를 수밖에 없는 이유가 여기에 있다. 새롭게 거듭났으므로 옛 사람의 습성을 버린 것이다. 그림에서 보면 사람의 헤어스타일이 단정해졌다. 이것은 삶이 안정되고 질서 있게 되었음을 의미한다. 또한 그의 마음 안에 가득하던 마귀와 온갖 죄악 된 성품들이 다 밖으로 쫓겨났다. 그리고 성령께서 비둘기의 모습으로 마음의 중심에 자리 잡고 계신다.

그러나 우리에게는 그동안 짓고 살았던 육신의 죄의 근성이 남아있다. 이제 어떤 성품이 우리 안에 충만하고 우리의 삶을 지배하게 될 것인지에 대한 힘겨루기가 시작된다. "그러므로 내가 한 법을 깨달았노니 곧 선을 행하기 원하는 나에게 악이 함께 있는 것이로다 내 속사람으로는 하나님의 법을 즐거워하되 내 지체 속에서 한 다른 법이 내 마음의 법과 싸워 내 지체 속에 있는 죄의 법으로 나를 사로잡는 것을 보는도다(롬

7:21~23)"

그림에 보면 쫓겨난 마귀와 악한 성품을 표현한 동물들이 사람의 마음을 향하여 서 있는 모습이 있다. 이것은 언제라도 다시 마음 안으로 들어가고자 하는 의지를 표현한다. 그림을 가만히 보면 악한 성품들의 동물들이 다시 들어가고 싶어서 아쉬워하고 있는 표정을 볼 수 있다. 그러므로 성도는 성령께서 점령하신 '우리의 마음'을 지켜야 한다. 그러기 위해서는 천사가 전해주는 십자가와 성경 말씀을 붙잡아야 한다.

이성봉 목사는 이런 속담을 인용했다. "개 꼬리 삼 년 묵어 두어도 화모 못 된다." 옛날에는 필기도구로 오로지 붓을 사용했다. 그러므로 붓 중에도 좋은 붓이 있기 마련이다. 붓 중의 좋은 붓은 족제비 꼬리털로 만든 붓이라고 한다. 족제비 꼬리털이 바로 '화모'다. 그런데 개의 꼬리를 아무리 오래 묵힌다고 해서 절대 화모가 되지 않는 것처럼, 사람이 오래 교회 다닌다고 해서 거듭난 그리스도인이 저절로 되는 것은 아니라는 뜻이다. 반드시 예수 그리스도를 구주로 영접하고 성령을 받아야 거듭난 그리스도인이 될 수 있다. 그리고 말씀과 기도 생활에 충실해야 한다. "하나님의 말씀과 기도로 거룩하여 짐이라(딤전 4:5)"

제4도
성결한 사람의 마음

제4도 성결한
사람의 마음

제4도의 제목은 '성결한 사람의 마음'이다. 이성봉 목사의 명심도 강화의 제목이 '성결한 마음'이다. 그보다 앞선 베어드 선교사의 『명심도』의 제목은 "사람이 예수를 많이 사랑함으로 죄 사함을 많이 얻음을 의논함이라"다. 이성봉 목사의 명심도 강화에서 제4도의 제목이 '성결한 마음'인 것은 배경 설명이 필요하다. 이성봉 목사는 기독교대한성결교회 즉, 성결교회 소속 목사다. 성결교회는 1907년 순수하게 우리나라에서 생겨난 자생교단(自生敎團)이다. 장로교는 존 칼빈에 의해서 스

위스에서 시작되었다. 감리교는 존 웨슬리에 의해서 영국에서 시작되었다. 그러나 성결교는 18세기 성결운동을 뿌리로 두고 시작된 동경성서학원에서 김상준, 정빈이 공부하고 돌아와 세운 교회다.

성결교회는 전도, 즉 복음전파를 목적으로 시작되었다. 그러므로 전도를 중요하게 여겼다. 전도의 네 가지 중심 주제가 사중복음(四重福音)이다. 첫째는 중생(重生)이다. 예수님 믿고 거듭나야 한다는 것이다. 둘째는 성결(聖潔)이다. 거듭난 사람은 거룩하게 살아야 한다는 것이다. 셋째는 신유(神癒)다. 예수님 안에서 건강한 삶을 살 수 있고, 영혼육의 질병을 치유 받을 수 있다는 것이다. 넷째는 재림(再臨)이다. 예수님께서 이 세상을 심판하시기 위해서 다시 오신다는 것이다. 사중복음 중에서 그리스도인의 거룩성, 즉 성결한 삶을 목적으로 하는 교회이기에 그 이름이 '성결교회'다.

그런 의미에서 제4도의 모습이 성결교회가 강조하는 '성결'의 모습을 표현하고 있기에 이성봉 목사는 '성결의 마음'이라고 제목을 붙였다. 사실 베어드 선교사의 '사람이 예수를 많이 사랑함으로 죄 사함을 많이 얻음'이라는 『명심도』의 제목과 본질은 같다. 『명심도』는 교파나 교단의 특정 교리와는 무관한 순수 복음전도지다. 전 세계적으로 교단과 교파를 초월하여 사용되고 있는 만국 공용의 전도지다. 우리나라에는 장로교 선교사인 베어드 선교사가 처음 가지고 왔고, 그것을 성결교회 목사인 이성봉 목사가 널리 사용한 것만 보더라도 그 자체가 초교파적인 것을 알 수 있다.

제4도의 그림은 거듭나지 않은 사람(제1도)이 회개(제2도)하고, 거듭난 사람(제3도)이 되면 어떻게 살아야 하는지를 보여준다. 먼저 그의 외모에서 옛 사람의 습관들은 이미 다 사라졌다. 그리고 그의 마음 안에는 오직 십자가가 중심에 자리 잡고 있다. 그런데 십자가에는 못 박혀 죽으신 예수님의 모습이 생생하게 그려져 있다.

십자가는 헬라시대의 처형제도로 시작되었다. 정복시대에 여러 나라들을 굴복시키기 위해서는 강력한 통제 수단이 필요했다. 그래서 고안한 처형제도가 십자가다. 십자가는 자국 국민이 아닌 식민지 백성에게만 사용하는 처형이다. 황제에게 불복종하면 비참한 최후를 맞이하게 된다는 것을 보여주는 공개처형은 공포정치의 상징이다. 로마제국은 십자가 처형을 그대로 본받아 사용하고 있었다. 왜냐하면 로마제국이 보기에도 십자가만한 잔인한 처형수단이 없었기 때문이다. 사람을 십자가에 매달아 죽이면 식민지 백성들을 공포에 떨게 만들 수 있는 강력한 통제효과를 볼 수 있었다.

예수께서 십자가에 달리셨다. 그러나 예수께서는 십자가에 달리실 만한 죄를 전혀 지은 적이 없으셨다. "우리에게 있는 대제사장은 우리의 연약함을 동정하지 못하실 이가 아니요 모든 일에 우리와 똑같이 시험을 받으신 이로되 죄는 없으시니라(히4:15)" 그럼에도 불구하고 예수께서 십자가에서 처형을 당하신 것은 온 인류를 구원하시기 위한 하나님의 계획이었다. 피상적으로 보면 예수의 십자가 처형은 정치적으로 이루어진 사건처럼 보인다. 당시 로마의 식민지에 굴복한 이스라엘의 종교·정치 지도자들은 예수께서 민중들에게 인기를 얻는 것을 두려워하고 시기하였다. 또한 예수께서 당시 지도자들의 외식과 율법주의를 책망하시는 것은 자신들의 기득권에 대한 공격과 위협이라고 생각했다. 그래서 로마에서 파견된 총독이었던 빌라도에게 예수를 모함하여 누명을 씌운 것이다.

십자가 처형의 판결권을 가지고 있던 빌라도 총독은 예수님에게서 아무런 죄도 찾을 수가 없었다. 유대지도자들이 폭동을 일으킬 것을 두려워하고 예수를 십자가에 처형시켰다. "빌라도가 이르되 어찜이냐 무슨 악한 일을 하였느냐 그들이 더욱 소리 질러 이르되 십자가에 못 박혀야 하겠나이다 하는지라 빌라도가 아무 성과도 없이 도리어 민란이 나려는 것을 보고 물을 가져다가 무리 앞에서 손을 씻으며 이르되 이 사람의 피에 대하여 나는 무죄하니 너희가 당하라(마27:23~24)"

겉으로 보이는 것이 전부가 아니다. 예수께서 십자가에서 죽으신 사건은 인류를 구원하시기 위한 하나님의 계획이셨다.

십자가 사건은 태초부터 하나님의 계획에 의해 역사적으로 진행된 사건이다. 이것을 신학에서는 구속사(救贖史)라고 한다. 구약성경은 예수께서 오셔서 모든 인류의 죄를 대신 지시고 죽으실 것을 예언하고 있다. 그 하나의 대표적인 예언의 말씀이 이사야 53장이다. 예수께서 세상에 오시기 500여 년 전에 기록된 말씀에는 너무나도 정확하게 예수의 십자가 사건과 의미를 설명하고 있다. 이사야 53장 말씀을 꼭 천천히 내용을 이해하며 읽어야 한다.

"우리가 전한 것을 누가 믿었느냐 여호와의 팔이 누구에게 나타났느냐 그는 주 앞에서 자라나기를 연한 순 같고 마른 땅에서 나온 뿌리 같아서 고운 모양도 없고 풍채도 없은즉 우리가 보기에 흠모할 만한 아름다운 것이 없도다 그는 멸시를 받아 사람들에게 버림 받았으며 간고를 많이 겪었으며 질고를 아는 자라 마치 사람들이 그에게서 얼굴을 가리는 것 같이 멸시를 당하였고 우리도 그를 귀히 여기지 아니하였도다 그는 실로 우리의 질고를 지고 우리의 슬픔을 당하였거늘 우리는 생각하기를 그는 징벌을 받아 하나님께 맞으며 고난을 당한다 하였노라 그가 찔림은 우리의 허물 때문이요 그가 상함은 우리의 죄악 때문이라 그가 징계를 받으므로 우리는 평화를 누리고 그가 채찍에 맞으므로 우리는 나음을 받았도다 우리는 다 양 같아서 그릇 행하여 각기 제 길로 갔거늘 여호와께서는 우리 모두의 죄악을 그에게 담당시키셨도다 그가 곤욕을 당하여 괴로울 때에도 그의 입을 열지 아니하였음이여 마치 도수장으로 끌려 가는 어린 양과 털 깎는 자 앞에서 잠잠한 양 같이 그의 입을 열지 아니하였도다 그는 곤욕과 심문을 당하고 끌려 갔으나 그 세대 중에 누가 생각하기를 그가 살아 있는 자들의 땅에서 끊어짐은 마땅히 형벌 받을 내 백성의 허물 때문이라 하였으리요 그는 강포를 행하지 아니하였고 그의 입에 거짓이 없었으나 그의 무덤이 악인들과 함께 있었으며 그가 죽은 후에 부자와 함께 있었도다 여호와께서 그에게 상함을 받게 하시기를 원하사 질고를 당하게 하셨은즉 그의 영혼을 속건제물로 드리기에 이르면 그가 씨를 보게 되며 그의 날은 길 것이요 또 그의 손으로 여호와께서 기뻐하시는 뜻을 성취하리로다 그가 자기 영혼의 수고한 것을 보고 만족하게 여길 것이라 나의 의로운 종이 자기 지식으로 많은 사람을 의롭게 하며 또 그들의 죄악을 친히 담당하리로다 그러므로 내가 그에게 존귀한 자와 함께 몫을 받게 하며 강한 자와 함께 탈취한 것을 나누게 하리니 이는 그가 자기 영혼을 버려 사망에 이르게 하며 범죄자 중 하나로 헤아림을 받았음이니라 그러나 그가 많은 사람의 죄를 담당하며 범죄자를 위하여 기도하였느니라(사53:1~12)"

제4도의 성결한 사람은 예수께서 나를 위해 십자가에 못 박혀 죽으셨다는 사실을 마음에 확실히 믿는 사람이다. "내가 그리스도와 함께 십자가에 못 박혔나니 그런즉 이제는 내가 사는 것이 아니요 오직 내 안에 그리스도께서 사시는 것이라 이제 내가 육체 가운데 사는 것은 나를 사랑하사 나를 위하여 자기 자신을 버리신 하나님의 아들을 믿는 믿음 안에서 사는 것이라(갈2:20)"

제4도의 십자가 위에 보면 비둘기가 자리 잡고 있다. 비둘기는 성령을 상징한다. 사람이 십자가 구원의 확신을 갖게 되는 것은 성령께서 마음에 계심으로 얻게 된다. "그러므로 내가 너희에게 알리노니 하나님의 영으로 말하는 자는 누구든지 예수를 저주할 자라 하지 아니하고 또 성령으로 아니하고는 누구든지 예수를 주시라 할 수 없느니라(고전12:3)"

천사가 들고 있는 나뭇가지는 종려나무 즉, 대추야자나무 가지다. 예수께서 예루살렘성에 입성하실 때 백성들이 '호산나 다윗의 자손이여'라고 외치며 흔들던 나뭇가지다. 왕의 승리의 입성을 상징하는 즉 전쟁이 끝나고 찾아 온 평화의 상징인 것이다. 십자가에 못 박히신 예수 그리스도를 마음의 중심에 모시고, 성령으로 충만한 사람에게 참된 평화가 찾아오는 것을 나타낸 그림이다. 이것이야 말로 '성결한 마음의 사람'이다.

구원의 감격과 성령충만한 사람은 천사로부터 종려나무가지를 받아 찬송하는 삶을 사는 것이다. "여호와는 나의 힘이요 노래시며 나의 구원이시로다 그는 나의 하나님이시니 내가 그를 찬송할 것이요(출 15:2)"

제5도
식어지고 변하는 사람의 마음

제5도 식어지고
변하는 사람의 마음

제5도는 '식어지고 변하는 사람의 마음'이다. 주세페 베르디(Giuseppe Verdi)의 오페라 리골레토(Rigoletto)중에 '여자의 마음은 갈대와 같이'라는 노래가 있다. 그러나 꼭 여자의 마음만을 갈대와 같다고 할 수 없다. 사람의 마음 자체가 갈대와 같이 쉽게 변한다. 우리는 성령의 감동과 천사의 복음 메시지에 죄를 깨닫고 회개하였다. 십자가에 못 박혀 죽으신 예수를 믿고 거듭났다. 마음 안에 성령과 십자가의 사랑으로 충만해졌다. 옛 습관과 마귀와 악한 성품을 몰아내고 성결한 마음이 되었다. 그러나 마음이 저절로 끝까지 유지되는 것은 아니다. 언제라도 마음이 식어지고 변하고 후퇴할 수 있다.

베어드 선교사의 『명심도』에는 제5도의 제목을 '세상 풍속을 인하여 냉심(冷心)됨을 의론함이라'고 했다. 성령으로 뜨거웠던 마음이 식어 차가운 마음이 되었다는 것이다. 그 이유는 바로 세상의 풍속 때문이라는 것이다. 『명심도』에서는 그 상태를 "도리의 맛은 날로 심심하고 세상맛은 날로 달아진다."고 기록한다.

이스라엘 백성들이 출애굽 하여 광야에 나왔을 때 먹을 것이 없었다. 그때 하나님께서 내려주신 음식이 있었다. 바로 '만나'다. 만나를 처음 보고 맛보았을 때 이스라엘 백성들은 만나의 맛을 이렇게 표현했다. "이스라엘 족속이 그 이름을 만나라 하였으며 깟씨 같이 희고 맛은 꿀 섞은 과자 같았더라(출16:31)" 꿀 섞은 과자 같다고 했다. 그러나 만나도 매일 먹으니 맛이 질리기 시작했다. 만나의 맛을 나중에는 이렇게 표현했다. "백성이 두루 다니며 그것을 거두어 맷돌에 갈기도 하며 절구에 찧기도 하고 가마에 삶기도 하여 과자를 만들었으니 그 맛이 기름 섞은 과자 맛 같았더라(민11:8)" 여러 방법으로 조리를 하여 먹어보았지만, 기름 섞은 과자 같다고 했다. 맛이 변한 것이다. 그러다가 결국에는 만나를 이렇게 표현한다. "백성이 하나님과 모세를 향하여 원망하되 어찌하여 우리를 애굽에서 인도해 내어 이 광야에서 죽게 하는가 이 곳에는 먹을 것도 없고 물도 없도다 우리 마음이 이 하찮은 음식을 싫어하노라 하매(민21:5)" 결국 만나를 하찮은 음식이라고 한다. 그리고 그들은 애굽에서 먹던 음식들의 맛을 다시 찾는다. "우리가 애굽에 있을 때에는 값없이 생선과 오이와 참외와 부추와 파와 마늘들을 먹은 것이 생각나거늘(민11:5)"

우리가 진리의 맛을 심심하게 느끼면, 다시 세상의 단맛을 찾게 되는 것이다. 사람은 어떤 사정과 형편으로 인해 믿음이 약해질 수 있다. 뜨겁던 감동의 마음이 식어질 수 있다. 그러므로 마음이 식어지지 않도록 주의를 기울여야 한다. 제5도의 그림을 보면 사람의 외모에 새로운 변화가 생겼다. 헤어스타일에서 옛 모습이 조금씩 나타나고 있다. 그 마음 안에는 영안을 뜨고 있기는 하나 조금 감겼다. 눈을 크게 뜨지 않으면 보는 시야가 좁아지고 흐려진다. 눈이 게슴츠레하게 뜨고 있다. 게슴츠레하다는 것은 '졸리거나 술에 취해서 눈이 정기가 풀리고 흐리멍덩하며 거의 감길 듯한 모양'이라는 뜻이다. 영적으로 깨어있지 못하고, 졸리고, 흐리멍덩해진 것이다. 양심이 빛을 다시 잃었다. 주일 예배를 빠져도, 기도 생활을 하지 않아도, 옛 습관을 다시 시작해도 점점 양심의 가책이 약해졌다.

십자가가 있기는 한데 제4도의 그림에서의 십자가와는 무언가 다르다. 십자가에 예수가 없다. 십자가의 나무만 있을 뿐이다. 십자가를 보아도 예수에 대한 감격이 사라진 것이다. 형식적으로 예배를 드릴 뿐이다. 예수께서 요한계시록에서 일곱 교회를 말씀하실 때 이와 같은 상태에 있는 몇 교회를 말씀하셨다. 첫째는 에베소 교회다. "처음 사랑을 버렸다"고 하셨다. "그러나 너를 책망할 것이 있나니 너의 처음 사랑을 버렸느니라(계2:4)" 둘째는 사데 교회다. "살았다 하는 이름은 가졌으나 죽었다"고 하셨다. 형식적인 신앙생활을 하고 있다는 것이다. "사데 교회의 사자에게 편지하라 하나님의 일곱 영과 일곱 별을 가지신 이가 이르시되 내가 네 행위를 아노니 네가 살았다 하는 이름은 가졌으나 죽은 자로다(계3:1)" 셋째는 라오디게아 교회다. "미지근하다"고 하셨다. 뜨거운 마음이 식어지고 있다는 말씀이다. "내가 네 행위를 아노니 네가 차지도 아니하고 뜨겁지도 아니하도다 네가 차든지 뜨겁든지 하기를 원하노라(계3:15)"

『명심도』에는 "다행이 모든 악이 밖에만 있고 들어오기 전에 부지런히 살펴 조심하여 천사가 떠나고자 하는 것을 붙잡아 천사의 권고하는 뜻을 순종하면 마귀의 꾐을 이기고 죄에 빠지지 아니하리니 어찌 깨닫지 아니하리오."라고 한다. 그림에 보면 아직 마음 안으로 마귀와 악한 성품의 동물들이 들어오지는 않았다. 그러나 그들의 방향이 모두 마음으로 향하고 있다. "조금만 더 식어져라. 내가 바로 들어가리라."라고 말하고 있는 듯하다. 그리고 마귀가 더욱 많아졌다. 나갔던 마귀가 다른 마귀들을 데리고 왔다. 천사가 "더 이상 식어지면 위험하다."고 경고하고 있다. 우리는 식어지고, 변하고, 물러서기 쉬운 연약한 마음을 가지고 있다. 그러므로 변하지 않는 마음을 갖는 것은 하나님께로부터 큰 복을 받는 비결이 된다. 에베소서 마지막 절은 이렇게 마치고 있다. "우리 주 예수 그리스도를 변함없이 사랑하는 모든 자에게 은혜가 있을지어다 (엡6:24)"

제6도
배교와 타락한 사람의 마음

제6도 배교와
타락한 사람의 마음

제6도의 제목은 '배교와 타락한 사람의 마음'이다. 이런 사람이 없기를 바라지만 실제로 있기에 그림 중 가장 안타까운 그림이라고 할 수 있다. 베어드의 『명심도』에는 제6도의 제목을 '사람의 마음에 마귀를 주로 삼아 복종함을 의론함이라'고 했다. 먼저 그림을 보면 제1도의 그림인 '거듭나지 않은 사람 상태'로 완전히 되돌아갔다. 그런데 자세히 보면 '거듭나기 전 옛사람의 상태보다도 더 못한 상태'가 되었다. 거듭나기 전 옛 사람의 상태에서는 마귀가 마음 중심에 하나가 있었는데 지금은 여덟이 되었다. 마귀가 나갔다가 마귀 일곱을 더 데리고 들어왔다.

이 모습은 예수께서 말씀하신 악한 세대를 비유로 말씀하신 내용이 떠오르게 한다. "더러운 귀신이 사람에게서 나갔을 때에 물 없는 곳으로 다니며 쉬기를 구하되 쉴 곳을 얻지 못하고 이에 이르되 내가 나온 내 집으로 돌아가리라 하고 와 보니 그 집이 비고 청소되고 수리되었거늘 이에 가서 저보다 더 악한 귀신 일곱을 데리고 들어가서 거하니 그 사람의 나중 형편이 전보다 더욱 심하게 되느니라 이 악한 세대가 또한 이렇게 되리라(마12:43~45)" 예수께서는 "그 사람의 나중 형편이 전보다 더욱 심하게 되느니라"고 하셨다. 처음보다도 더 악화되었다는 뜻이다.

성경에도 실제로 이런 사람이 나타난다. 첫째로 예수의 제자였으나 예수를 배반한 '가룟 유다'다. 복음서에는 가룟 유다를 '예수의 제자였으나 예수를 판 자'라고 표현하는 말씀을 많이 볼 수 있다. "가나인 시몬 및 가룟 유다 곧 예수를 판 자라(마10:4)", "그 때에 열둘 중의 하나인 가룟 유다라 하는 자가 대제사장들에게 가서 말하되(마26:14)", "또 가룟 유다니 이는 예수를 판 자더라(막3:19)", "열둘 중의 하나인 가룟 유다가 예수를 넘겨 주려고 대제사장들에게 가매(막14:10)", "야고보의 아들 유다와 예수를 파는 자 될 가룟 유다라(눅

6:16)", "제자 중 하나로서 예수를 잡아 줄 가룟 유다가 말하되(요12:4)", "마귀가 벌써 시몬의 아들 가룟 유다의 마음에 예수를 팔려는 생각을 넣었더라(요13:2)"

둘째로 초대교회의 일원이었던 '후메내오', '알렉산더', '빌레도'다. "그 가운데 후메내오와 알렉산더가 있으니 내가 사탄에게 내준 것은 그들로 훈계를 받아 신성을 모독하지 못하게 하려 함이라(딤전1:20)" 사도바울은 이들을 '사탄에게 내준 것'이라고 표현한다. 상당히 충격적인 표현이다. 왜냐하면 사도바울은 사람의 영혼을 사탄으로부터 건져내기 위하여 평생 사역하였다. 그런데 그런 그가 '사탄에게 내주었다'고 할 정도면 그들의 배교와 타락이 얼마나 심했는지를 알게 해준다.

배교한 사람의 특징은 신앙과 교리를 이미 알고 있는 사람이기에 그것을 악용한다는 것이다. 차라리 옛 사람의 상태에 속한 사람은 복음을 거부는 하지만 내용은 모르기 때문에 악용하지는 못한다. 그러나 배교한 사람은 알고 있는 내용을 왜곡하고 악용한다. "그들의 말은 악성 종양이 퍼져나감과 같은데 그 중에 후메내오와 빌레도가 있느니라(딤후2:17)" 후메네오와 빌레도의 '말'은 "악성 종양이 퍼져나감과 같다"고 했다. 그것은 기독교의 진리를 왜곡하고 악용하고 거짓말을 퍼트리고 다닌다는 것이다.

이성봉 목사는 이런 사람의 예를 다음과 같이 말했다. "20년간 목사 노릇하다가 사주 보는 자가 현재 남산에 있어 사주 보러 오는 사람에게 예수교란 아무 소용없는 것이라고 말하는 것이다. 목사란 사람 속이는 일이라면서 나도 20년간 목사 노릇 하다가 그만둔 것 보라고 마귀 전도하는 것이다." 정말 이런 사람이 있다면 이성봉 목사의 표현대로 '마귀 전도'하는 것이다. "내가 기독교 신앙생활도 해 보았고, 내가 목사였는데 아무 소용없다, 다 거짓말이다."라고 한다면 얼마나 많은 사람들이 그 말에 속겠는가? 정말 생각만 해도 끔찍하고 무서운 일이다.

이러한 배교자가 있을 것이라고 성령께서 말씀하셨다. "그러나 성령이 밝히 말씀하시기를 후일에 어떤 사람들이 믿음에서 떠나 미혹하는 영과 귀신의 가르침을 따르리라 하셨으니 자기 양심이 화인을 맞아서 외식함으로 거짓말하는 자들이라(딤전4:1~2)" 그러면 왜 이러한 사람이 생기는 것일까?『명심도』에는 '사욕을 좇기 때문'이라고 한다. "도를 배반하고 사욕을 좇는 자는 가히 고칠 방책이 없으니 대개 그 양심이 어두워지고 악한 생각이 불 일어날 듯 하여 하나님의 계명과 예수의 복음은 다 버리고 생각하지 아니함이라." 이는 다시 세상 욕심이 들어왔기 때문이다.

"데마는 이 세상을 사랑하여 나를 버리고 데살로니가로 갔고 그레스게는 갈라디아로, 디도는 달마디아로 갔고(딤후 4:10)” 데마의 경우를 보면 '이 세상을 사랑하여'라고 말씀했다. 세상 욕심이 다시 들어간 것이다. 데마가 사랑한 세상의 것은 몸을 즐겁게 하는 모든 것(육신의 정욕), 감각을 즐겁게 하는 것(안목의 정욕), 그리고 명예와 권력(이생의 자랑)이다. "이는 세상에 있는 모든 것이 육신의 정욕과 안목의 정욕과 이생의 자랑이니 다 아버지께로부터 온 것이 아니요 세상으로부터 온 것이라(요일2:16)”

『명심도』는 '도를 배반하고 사욕을 좇는 자는 가히 고칠 방책이 없으니'라고 기록한다. 배교자는 다시 회복시키기가 상당히 어렵다는 것이다. 필자는 22살에 폐결핵을 앓은 적이 있다. 폐결핵 진단을 받고 1년 동안 상당히 많은 약을 매일 먹어야 했다. 그런데 나를 진료하는 의사가 신신당부한 말이 있었다. 절대 완치 판정을 받을 때까지 약을 끊어서는 안 된다는 것이다. 처음에는 왜 그렇게 신신당부를 하는지 잘 이해하지 못했다. 그러다가 점점 이유를 알 수 있었다. 폐결핵에 걸리고 증상이 심해질수록 기침, 가래, 피까지 토하게 된다. 그러나 약을 먹기 시작하고 두 주 후면 증상이 사라지기 시작한다. 한 달 정도만 약을 먹으면 다 나은 것처럼 아무 증상이 없어진다. 그러면 매일 한 움큼씩 먹어야 하는 독한 약을 먹기가 점점 귀찮아진다. 그래서 약 복용을 건너뛰기도 하고, 심지어

임의대로 끊어버리기도 한다. 하지만 증상이 나타나지 않는다고 해서 폐결핵이 나은 것이 아니다. 심지어 일 년 동안 약을 복용하고 의사로부터 더 이상 치료하지 않아도 된다는 판정을 받았어도 몸 안에 결핵균은 살아있다. 다만 약이 결핵균을 활동하지 못하도록 억제하고 있는 것이다. 그래서 후에 결핵은 얼마든지 재발할 수 있다. 그런데 약을 중간에 끊으면 약에 내성만 키우게 된다. 결국 다시 결핵균이 활동하여 증상이 나타나게 되면, 다시 약을 먹어도 약효를 보지 못하게 된다. 그것이 결핵약을 확실하게 끝까지 복용해야만 하는 이유다.

신앙생활도 마찬가지다. 성도가 거룩한 삶을 유지하려면 하나님의 말씀과 기도를 쉬지 않아야 한다. "하나님의 말씀과 기도로 거룩하여짐이라(딤전4:5)" 그런데 결핵약을 복용하다가 중단하는 것처럼, 성경말씀과 신학, 교리 등을 어설프게 알고, 복음을 다 아는 것처럼 행동할 때, 복음에 대한 감동을 잃어버린다. 마귀에게 다시 사로잡히게 되었을 때, 내성이 생겨 복음을 들어도 회개가 일어나지 않는다.

그림에 보면 외모에서 헤어스타일도 거듭나기 전의 옛 사람의 모습으로 다시 돌아갔고, 얼굴 표정 또한 욕심으로 가득하고 날카로운 표정을 하고 있다. 영안은 완전히 다시 감겼고, 양심은 빛을 잃었다. 천사는 등을 돌리고 얼굴을 가리고 안타까워하고 있다. 성령께서 떠나갔다. 이러한 사람의 마지막 죽음이 어떻게 될지는 충분히 예상될 수 있다.

제7도
배교와 타락한 사람의 죽음

제7도 배교와
타락한 사람의 죽음

제7도의 제목은 '배교와 타락한 사람의 죽음'이다. 『명심도』는 "믿지 않는 자가 죽을 때의 정상을 의론함이라"고 서술한다. 사람은 결국 반드시 죽게 되어 있다. "한번 죽는 것은 사람에게 정해진 것이요 그 후에는 심판이 있으리니(히9:27)" 말씀에 보면 모든 사람은 죽음이 정해져 있는 것처럼, 죽음 이후에는 심판이 정해져 있다는 것이다. 죽음으로 모든 것이 끝나는 것이 아님을 알 수 있다.

가끔 뉴스에 보면 범죄자가 재판도 받기 전에 사망했다는 소식을 듣는다. 그러면 법원은 죽은 사람을 재판할 수가 없기 때문에 '공소권(公訴權) 없음'으로 처리한다. 공소권이란 수사기관이 법원에 재판을 청구할 권한이라는 뜻이다. 그런데 재판을 받을 피의자가 사망하면, 수사기관은 죽은 사람의 재판을 청구할 수가 없다. 이럴 때 '공소권 없음'이라고 한다. 성경은 사람이 죽은 후에 심판을 받는다고 했다. 그렇다면 이것은 무엇을 의미하는 것인가? 사람의 육체는 죽어 흙으로 돌아가지만, 영혼은 살아서 심판을 받는다는 것이다.

하나님께 심판을 받는 모습을 성경 여러 곳에서 살펴볼 수 있다. 첫째로 스가랴 3장에 보면 지금의 법정과 비슷한 모습으로 대제사장 여호수아가 재판을 받는 모습이 나타난다. "대제사장 여호수아는 여호와의 천사 앞에 섰고 사탄은 그의 오른쪽에 서서 그를 대적하는 것을 여호와께서 내게 보이시니라(슥3:1)" 둘째로 유다서에 보면 모세의 시체를 가져가기 위해서 천사와 마귀가 서로 변론하는 모습이 나타난다. "천사장 미가엘이 모세의 시체에 관하여 마귀와 다투어 변론할 때에 감히 비방하는 판결을 내리지 못하고 다만 말하되 주께서 너를 꾸짖으시기를 원하노라 하였거늘(유1:9)" 이 두 말씀에는 배경 내용과 뜻이 있다. 그러나 지금은 내용과 뜻을 살펴보고자 함이 아니요, 법정에서의 재판의 모습이 성경에 나타남만을 확인하고자 하는 것이다.

법정의 모습은 재판장인 판사가 있고, 피의자가 있다. 그리고 양 옆에는 피의자의 죄를 밝혀 재판장에게 이만큼의 형벌을 달라고 요구하는 검사가 있고, 피의자의 무죄를 주장하거나 감형을 요구하는 변호사가 있다. 이렇듯 하나님의 심판대앞에 서면 심판을 받을 사람의 죄를 주장하는 마귀와 사람의무죄를 주장하는 천사가 있다. 그런데 사람은 근본적으로 죄인이다. 그러므로 하나님 앞에서 절대 무죄가 될 수 없다. "모든 사람이 죄를 범하였으매 하나님의 영광에 이르지 못하더니(롬3:23)" 그러므로 우리는 근본적으로 죄인으로 정죄함을받고, 죄의 대가인 영원한 죽음을 당해야 한다. 그러나 하나님께서는 우리의 죄가 없어질 수 있는 기회를 주셨다. "그러므로 너희가 회개하고 돌이켜 너희 죄 없이 함을 받으라 이같이 하면 새롭게 되는 날이 주 앞으로부터 이를 것이요(행3:19)" 그것은 바로 예수를 믿는 것이다. "하나님이 세상을이처럼 사랑하사 독생자를 주셨으니 이는 그를 믿는 자마다멸망하지 않고 영생을 얻게 하려 하심이라(요3:16)"

결론적으로 모든 사람은 죄인이다. 한 번 죽는 것은 정해져있다. 죽음 후에는 심판을 받는다. 죄인으로 정죄되면 영벌을받아 지옥에서 영원한 고통을 받게 된다. 그러나 하나님께서는 구원받을 기회를 주셨다. 바로 예수를 믿는 것이다. 그것은 하나님께서 우리에게 주신 선물(은사)이다. "죄의 삯은 사망이요 하나님의 은사는 그리스도 예수 우리 주 안에 있는 영생이니라(롬6:23)" 하나님께 심판을 받는 결과는 두 가지로 나누어진다. 영생과 영벌이다. "그들은 영벌에, 의인들은 영생에 들어가리라 하시니라(마25:46)" 영생은 천국으로, 영벌은 지옥으로 가는 것을 뜻한다. 어디로 갈지는 이 땅에 사는 동안 우리의 선택에 달렸다. 하나님의 심판대 앞에는 예수를 믿고 죄 사함을 받은 사람과 전혀 예수를 믿지 않는 사람과 예수를 믿고 나서 다시 타락한 사람들이 있다.

제7도는 예수를 믿지 않은 사람과 믿었으나 배교하고 타락한 사람의 마지막을 설명하고 있다. 그림에 보면 죽은 사람이 누워있다. 여기까지는 모든 사람에게 정해져 있는 결과다. 그림의 사람은 예수를 믿지 않았든지, 믿었다고 하더라도 배교하고 타락한 사람이다. 그림에 보면 사람의 죄를 마귀가 밝혀낸다. 사람의 머리 앞에서 손가락으로 죄를 일일이 가리킨다. 사람에게는 크게 두 가지 죄가 있다. 아담으로부터 물려받은 죄의 씨앗인 '원죄'와 죄의 씨앗이 자라서 짓게 된 '자범죄'다. 그런데 이 두 죄는 모두 예수 그리스도를 믿음으로 씻어질 수 있다. 예수께서 우리를 대신하여 그 모든 죄의 값을 담당하셨기 때문이다. 우리는 그것을 예수께서 죄의 대가를 대신 지불해 주셨다고 해서 대속(代贖)이라고 부른다. "그가 찔림은 우리의 허물 때문이요 그가 상함은 우리의 죄악 때문이라 그가 징계를 받으므로 우리는 평화를 누리고 그가 채찍에 맞으므로 우리는 나음을 받았도다 우리는 다 양 같아서 그릇 행하여 각기 제 길로 갔거늘 여호와께서는 우리 모두의 죄악을 그에게 담당시키셨도다(사53:5~6)"

　　하지만 제7도 그림의 사람은 천사가 변호할 수가 없다. 이 사람은 예수를 믿지 않았기 때문에 변호할 수가 없는 것이다. 그래서 천사가 안타깝게 울고 있다. 예수는 누워있는 사람이 구원 받기를 원하셔서 손을 벌리고 계시지만 그는 예수께로 갈 수가 없다. 그 영혼은 지옥으로 끌려가야 한다. 죽은 사람의 아래 부분에 돈 자루와 책이 쏟아져있다. 사람이 죽기 전에 향락을 즐기고, 오직 재물을 모으는 데 힘을 썼지만, 죽고 나니 모든 것을 그대로 두고 갈 수밖에 없음을 보여준다. 제7도는 예수님을 믿지 않았거나 혹은 배교하고 타락한 사람의 마지막 결과다.

제8도
성도의 마음

제8도 성도의 마음

제8도의 제목은 '성도의 마음'이다. 『명심도』의 제목은 '사람의 마음에 예수를 주로 삼아 복종함을 의론함이라'이다. 성도의 삶은 성화의 삶이라고 할 수 있다. 성화(聖化, sanctification)란 예수를 믿고 거듭난 사람이 더욱 예수를 닮아가는 삶의 과정이다. 성경은 예수를 닮아가는 성화의 삶을 강조한다.

첫째, 성화의 삶은 예수를 바라보라는 것이다. "믿음의 주요 또 온전하게 하시는 이인 예수를 바라보자 그는 그 앞에 있는 기쁨을 위하여 십자가를 참으사 부끄러움을 개의치 아니하

시더니 하나님 보좌 우편에 앉으셨느니라(히12:2)" 보는 것
이 중요하다. 요즘은 텔레비전의 채널이 엄청나게 많다. 우리
집만 해도 채널이 200개도 넘는다. 프로그램의 홍수다.

가끔 리모컨으로 채널을 돌릴 때가 있다. 그때 나는 다음 채
널에서는 어떤 프로그램을 할까? 궁금해서 채널을 계속 바꾸
곤 한다. 그러면 옆에 앉은 아내는 정신없다며 한 가지 프로
그램을 보자고 말한다. 아무튼 그렇게 계속 채널을 돌리며 보
다가 이상한 현상을 하나 발견하게 되었다. 뉴스를 볼 때는 진
지하고, 코미디를 볼 때는 웃고, 슬픈 드라마를 볼 때는 울고,
스포츠를 볼 때는 흥분한다. 그러면서 한 가지 사실을 깨닫게
되었다. 분명히 채널은 내가 바꾸었는데, 채널에 따라 나의
표정이 바뀌고 있다는 사실이다. 보는 것을 바꾸면 보는 사람
의 표정이 바뀐다.

성경은 "예수를 바라보라"고 말한다. 예수를 바라 볼 때에
예수처럼 바뀌기 때문이다. 그렇다면 '예수를 바라본다'는 것
은 무슨 뜻인가? 지금 이 시대에 우리는 어떻게 예수를 바라
볼 수 있는가? 히브리서 12장 2절의 '예수를 바라보자'라는 말
씀의 영어성경(NIV)을 보면 "Let us fix our eyes on
Jesus"라고 되어 있다. 보통 '보다'는 'see'라는 단어를 쓰는
데 여기서는 'fix'라는 단어를 사용했다. fix는 '고정시키다'는
뜻이다. 즉, 여러 가지에 관심을 두지 말고, 오직 예수를 닮

기 위해 우리의 눈을 고정하라는 뜻이다. 예수를 믿었다면 오직 예수의 말씀과 예수의 삶에 관심을 집중해야 한다.

둘째, 거듭난 사람은 예수의 마음을 품어야 한다. "너희 안에 이 마음을 품으라 곧 그리스도 예수의 마음이니(빌2:5)" 예수의 마음은 어떤 마음인가? 대답은 말씀에 있다. "그는 근본 하나님의 본체시나 하나님과 동등됨을 취할 것으로 여기지 아니하시고 오히려 자기를 비워 종의 형체를 가지사 사람들과 같이 되셨고 사람의 모양으로 나타나사 자기를 낮추시고 죽기까지 복종하셨으니 곧 십자가에 죽으심이라(빌2:6~8)" 예수의 마음은 겸손하게 자신을 낮추신 마음이다. 그리고 하나님의 뜻에 복종하신 마음이다. 육신을 입고 오신 예수는 우리처럼 육신의 연약함을 가지셨다. 하지만 영은 하나님의 아들이신 성자의 영이다. 예수의 영은 육신을 지배하셨다. 육신의 연약함에서 오는 온갖 시험을 이기셨다.

그러므로 예수는 육신을 입으셨음에도 불구하고 우리와는 달리 죄를 짓지 않으셨다. "우리에게 있는 대제사장은 우리의 연약함을 동정하지 못하실 이가 아니요 모든 일에 우리와 똑같이 시험을 받으신 이로되 죄는 없으시니라(히4:15)" 예수께서는 육신의 욕구에 복종한 것이 아니라 하나님의 뜻에 복종하신 것이다. "조금 나아가사 얼굴을 땅에 대시고 엎드려 기도하여 이르시되 내 아버지여 만일 할 만하시거든 이 잔을 내게서 지나가게 하옵소서 그러나 나의 원대로 마시옵고 아버지의 원대로 하옵소서 하시고(마26:39)" 성화란 곧 예수를 닮는 것이고, 예수처럼 사는 것이다. 그렇게 되려면 성경 말씀을 공부하여 예수께서 어떠한 삶을 사셨는지 알고 실천해야 한다.

2세기 초 기독교 변증가 순교자 저스틴이 쓴 『제1 변증서』에 보면 초대교회의 예배 모습이 기록되어 있다. 저스틴은 책에서 초대교회는 먼저 시간이 허락하는 한 성경을 읽고, 읽은 말씀대로 살자는 권면의 시간을 가졌다고 기록한다. 이것이 초대교회 예배의 설교였다. 즉, 설교란 성경에 기록된 대로 살도록 권면하는 것이다. 그러므로 예수를 닮기 위해서는 설교를 듣고, 그대로 살고자 노력해야 한다.

그러면 우리는 어떻게 권면대로 살 수 있을까? 우리의 육신은 말씀대로 살려고 하지 않는다. 우리의 육신은 쾌락과 안락함을 추구한다. "육체의 소욕은 성령을 거스르고 성령은 육체를 거스르나니 이 둘이 서로 대적함으로 너희가 원하는 것을 하지 못하게 하려 함이니라(갈5:17)" 그러므로 육체의 소욕을 이길 수 있는 강력한 능력이 필요하다. 그 능력은 바로 성령께 있다. 그러므로 우리는 성령으로 충만해야 한다. "내가 이르노니 너희는 성령을 따라 행하라 그리하면 육체의 욕심을 이루지 아니하리라(갈5:16)" 성령으로 충만하다는 말씀에서

'충만'은 '가득 차 있다'는 의미라기보다는 '지배를 받는다'는 뜻이다. 성령께 완전히 지배를 받는 것은 곧 예수께 지배를 받는 것과 같다.

사도바울은 아시아에서 복음을 전할 마음을 가지고 있었다. 그러나 성령은 그 계획을 막으셨다. 성령 충만했던 바울, 즉 성령께 지배를 받고 있는 바울은 아시아에서 마게도냐로 방향을 바꾸게 된다. "성령이 아시아에서 말씀을 전하지 못하게 하시거늘 그들이 브루기아와 갈라디아 땅으로 다녀가 무시아 앞에 이르러 비두니아로 가고자 애쓰되 예수의 영이 허락하지 아니하시는지라 무시아를 지나 드로아로 내려갔는데 밤에 환상이 바울에게 보이니 마게도냐 사람 하나가 서서 그에게 청하여 이르되 마게도냐로 건너와서 우리를 도우라 하거늘 바울이 그 환상을 보았을 때 우리가 곧 마게도냐로 떠나기를 힘쓰니 이는 하나님이 저 사람들에게 복음을 전하라고 우리를 부르신 줄로 인정함이러라(행16:6~10)" 이 말씀에 보면 6절에 성령과 7절의 예수의 영이 동일하게 바울이 아시아에서 복음을 전하지 못하도록 하는 것을 볼 수 있다. 즉, 성령이 곧 예수의 영인 것이다. 성령의 지배를 받는 사람은 예수의 지배를 받는 것과 같다.

에스겔서 47장에 보면 에스겔 선지자가 성전 환상을 보게 된다. 성전 문지방에서 흘러나오는 물이 점점 많아진다. 처음

에는 발목에 오르고, 그 다음은 무릎, 그 다음은 허리, 결국
은 헤엄칠 만큼까지 높이 차오른다. 물이 발목에까지 오르면
사람이 물속에서 걷는 데 거의 지장이 없다. 그러나 무릎까지
오면 걷기에 좀 불편하고, 허리까지 오면 상당히 어렵다. 결
국 헤엄칠 만큼 되면 물의 흐름에 따라가야 한다. 성도의 마
음이 얼마나 예수께 사로잡혔는가는 성화의 진보와 비례한다.
성전 물이 많이 흐를수록 물의 흐름에 지배받는 것과 같은 이
치다.

제8도의 그림을 보면 사람의 마음 안에는 오직 왕이신 예수
만이 계신다. 사람의 마음에 다른 것은 전혀 없다. 오직 예수
만 바라보는 것이다. 예수의 마음을 품는 것이다. 예수의 지
배를 받는 것이다. 사람의 마음 안에는 사람의 몸과 마음을 지
배하는 왕좌가 있다. 그 자리를 누가 차지하고 있느냐에 따라
서 그에게 지배당하게 된다. 성도의 마음에는 예수께서 왕좌
에 앉아계신다. 예수께서는 왕의 영광과 권위를 상징하는 모
든 것을 입고 계신다. 머리에는 왕관을 쓰셨다. 손에는 왕홀
을 잡고 계신다. 몸에는 왕복을 입고 계신다. 예수께서 모든
권세를 다 가지고 계시는 뜻이다. "예수께서 나아와 말씀하여
이르시되 하늘과 땅의 모든 권세를 내게 주셨으니(마28:18)"

오직 예수만이 마음의 왕좌에 앉으시고 다스리신다. 마귀
는 마음 밖으로 완전히 쫓겨났다. 여전히 마귀가 세상에 존재

하고 있지만, 마귀의 지배를 받지 않는다. 천사는 사람을 받들고 있다. 성화의 사람은 천사로부터 존귀한 섬김을 받는다. "모든 천사들은 섬기는 영으로서 구원 받을 상속자들을 위하여 섬기라고 보내심이 아니냐(히1:14)"

제9도
성도의 죽음

제9도 성도의 죽음

제9도의 제목은 '성도의 죽음'이다. 베어드 선교사의 『명심
도』의 제목은 '믿는 사람이 죽을 때의 형상을 의론함이라'라고
했다. 하나님께서 태초에 사람을 창조하셨을 때 흙으로 육신
을 만드셨다. "여호와 하나님이 땅의 흙으로 사람을 지으시고
생기를 그 코에 불어넣으시니 사람이 생령이 되니라(창2:7)"
그리고 육신은 다시 흙으로 돌아갈 것이라고 말씀하셨다. "네
가 흙으로 돌아갈 때까지 얼굴에 땀을 흘려야 먹을 것을 먹으
리니 네가 그것에서 취함을 입었음이라 너는 흙이니 흙으로

돌아갈 것이니라 하시니라(창3:19)"

태초부터 이 말씀은 모든 사람의 숙명이 되었다. 누구도 이 말씀에서 벗어날 수 없다. 우리는 결국 육신의 죽음을 맞이하게 될 것을 인정해야 한다. 한 번 죽는 것은 사람에게 정해져 있다. 그러나 '어떻게 죽음을 맞이할 것인가?', '죽음 이후에 우리의 영혼은 어떻게 영원히 살 것인가?'는 숙명이 아니다. 그것은 우리의 선택으로 달라진다. 최근 들어 사람이 살아있는 동안 건강하고 행복한 삶을 살기 위해 어떻게 할 것인가를 고민하는 웰빙(Well being)에 대한 관심이 높아졌다. 삶의 질을 높이는 것만큼 죽음의 질 또한 높여야 한다는 의미에서 웰다잉(Well Dying)도 동일하게 관심이 높아졌다. 그런데 가만히 생각해보면 행복한 죽음이란 죽음 이후의 삶에 대한 믿음에서 오는 반응이다.

우리나라 속담에 "개똥밭에 굴러도 이승이 낫다"는 말이 있다. 이 말은 죽음 이후의 세계가 죽음 이전의 세계만 못하다는 뜻이다. 이승을 좋아하는 사람은 죽음이 닥쳤을 때 두려울 것이다. 곧 가게 될 사후의 세계가 이 세상만 못한데 어떻게 평안히 죽음을 맞이할 수 있겠는가? 하지만 죽음 이후의 세계가 이 세상보다 더 좋다는 확신이 있다면 설령 사랑하는 사람들과의 이별로 인해 잠시 슬픔은 있겠지만, 사후의 세계에 대한 두려움은 없을 것이다.

성경은 그리스도인의 죽음 이후에 대해 세 가지를 약속한다. 첫째, 그리스도인은 죽은 후 천국에 들어간다. "주께서 나를 모든 악한 일에서 건져내시고 또 그의 천국에 들어가도록 구원하시리니 그에게 영광이 세세무궁토록 있을지어다 아멘(딤후4:18)" 둘째, 천국은 더 이상 고통이 없다. "모든 눈물을 그 눈에서 닦아 주시니 다시는 사망이 없고 애통하는 것이나 곡하는 것이나 아픈 것이 다시 있지 아니하리니 처음 것들이 다 지나갔음이러라(계21:4)" 셋째, 상을 받는다. "나는 선한 싸움을 싸우고 나의 달려갈 길을 마치고 믿음을 지켰으니 이제 후로는 나를 위하여 의의 면류관이 예비되었으므로 주 곧 의로우신 재판장이 그 날에 내게 주실 것이며 내게만 아니라 주의 나타나심을 사모하는 모든 자에게도니라(딤후4:7~8)"

목회를 하면서 수많은 성도들의 임종을 지켜보았다. 그만큼 장례도 많이 집례 하였다. 대부분은 불신자의 임종보다는 믿는 성도의 임종을 지켜본 편이 많다. 반면에 장례를 전문으로 하는 장례 지도사들은 불신자의 임종을 많이 지켜본다. 그들의 말에 따르면 불신자의 임종에 비해 믿는 성도의 임종이 훨씬 평안해 보인다고 한다. 유가족들 또한 평안 중에 숨을 거둔 모습에서 큰 위로를 얻는다. 그 분위기는 장례의 모든 절차 가운데서도 그대로 나타난다. 예수께서도 성도의 죽음을 근심하지 말라고 말씀하신다. 왜냐하면 그들이 천국에 들어갈 것이기 때문이다. "너희는 마음에 근심하지 말라 하나님을 믿으니 또 나를 믿으라 내 아버지 집에 거할 곳이 많도다 그렇지 않으면 너희에게 일렀으리라 내가 너희를 위하여 거처를 예비하러 가노니 가서 너희를 위하여 거처를 예비하면 내가 다시 와서 너희를 내게로 영접하여 나 있는 곳에 너희도 있게 하리라(요14:1~3)"

제9도의 그림을 보면 먼저 성도는 평안 중에 죽음을 맞이한다. 천사가 기쁨으로 그의 영혼을 천국으로 안내한다. 천국으로 향하는 길이 활짝 열리고 예수께서는 두 팔을 벌려 성도의 영혼을 환영한다. 임종을 지켜보는 가족들은 슬픔 중에도 위로를 받으며, 신앙의 유산을 물려받았기에 찬송을 부르며 천국환송예배를 드린다. 가족들에게 신앙을 물려주고 떠나는 것은 사랑하는 가족들에게 주는 가장 귀한 유산이다. "내가 주의 택하신 자가 형통함을 보고 주의 나라의 기쁨을 나누어 가지게 하사 주의 유산을 자랑하게 하소서(시106:5)"

이성봉 목사는 명심도 강화 제9도에서 성도가 천국에 가기 전 가족들에게 남기는 유언을 말씀하는데 가슴이 뭉클해진다. "부인더러 굳게 맹약하여 천국에서 만날 것과 나의 뒤를 따라 복음을 위하여 살라 부탁하고 나를 사랑하는 정을 합하여 주님께 온전히 바치라 권하고, 아이들의 손을 잡고 외로운 어머니에게 효도할 것과 하늘에 계신 아버지 하나님을 의지하라는 것과 세상에서 구별된 사람이 되어달라고 간절히 부탁한다. 온 교회 신자들과 친구들에게 전하는 말은 오직 주를 위하여 일하는 것밖에는 영원함이 없다고 눈물로 부탁하고 눈을 들어 바라보니 멀리 뵈는 천성문이 한 걸음씩 가까워 온다." "그의 경건한 자들의 죽음은 여호와께서 보시기에 귀중한 것이로다 (시116:15)"

에필로그

  지금까지 '사람의 마음'의 아홉 그림을 모두 살펴보았습니다. 지구상에는 수많은 전도책자가 있습니다. 모두 예수 그리스도를 구주로 영접하고 죄사함을 받고 구원을 받으라는 내용입니다. 그 중의 하나인 '사람의 마음'은 복음의 내용을 그림으로 전한다는 특징과 거듭나기 전부터 성도의 죽음에 이르기까지의 전 과정을 보여주고 있다는 데 큰 의의가 있습니다. 1,500년대 시작된 그림이 500년이 지난 지금까지도 그대로 사용되고 있다는 것은 그림의 내용이 시대를 초월하여 모든 사람들에게 그대로 적용된다는 사실을 보여줍니다. '사람의 마음'은 현재도 전 세계의 언어로 번역되어 널리 사용되고 있습니다. 세계 곳곳에서 많은 복음 전도의 능력을 나타내고 있습니다. '사람의 마음'의 그림은 대동소이하지만 얼굴만은 각 나라 사람의 얼굴 특징을 살려 다르게 그리고 있습니다.

이 책을 읽은 여러분 중 아직 '거듭나지 않은 상태'에 있다면 예수 그리스도를 진심으로 영접하기를 바랍니다. '사람의 마음' 아홉 그림 중 자신이 어디에 해당되는지를 살펴보고, 앞으로 어떠한 삶을 살 것인지를 깊이 생각해 보기 바랍니다. 그림으로 전도하는 것은 얼마든지 간단하게 요약하여 전할 수도 있고, 깊이 있고 세밀하게 전할 수도 있습니다. "하나님은 모든 사람이 구원을 받으며 진리를 아는 데에 이르기를 원하시느니라(딤전2:4)"는 말씀처럼 누구라도 그림을 활용하여 복음을 전하고 구원과 진리에 이르도록 귀하게 사용하기를 바랍니다.

사람의 마음(명심도)은 내게 사명이자 선물입니다. 이 귀한 사명과 선물을 주신 삼위일체 하나님께 감사와 찬양을 드립니다. 이 사명을 나와 함께 받은 것처럼 여겨 동역해주시는 속초성결교회 당회 반삼문, 모규해, 한영환, 김동권, 권경식, 故김동하 장로님께 감사를 드립니다. 필자는 매일 밤마다 공부하며 하나하나 알게 되고 깨닫게 되면 어김없이 강단에서 설교하였습니다. 그럴 때마다 모든 내용에 함께 감동해 주신 속초성결교회 모든 성도님들께 감사를 드립니다.

백 년 전 스타일의 그림을 21세기 현대인들에게 어필할 수 있도록 그린다는 것은 가장 큰 난관이었습니다. 하나님께서는 그 작업 또한 여호와 이레로 예비해 주셨습니다. 하나님은 갓피플 쉼툰을 통해 청년·청소년들에게 그림으로 신앙을 묵상할 수 있도록 섬겨온 작가를 만나게 하신 것입니다. 이 시대에 가장 걸 맞는 그림으로 사람의 마음을 그려주신 이현정 집사님의 노고에 깊은 감사를 드립니다.

'사람의 마음'의 소중함과 중요성을 인식하고 교단내외에 널리 알릴 수 있도록 배려해 주신 기독교대한성결교회 총회본부 교육국장 송우진 목사님께 감사를 드립니다. 교단의 많은 일들과 여타 다른 출판 작업 중에서도 세심하게 작업을 진행 해 주신 사랑마루 전영욱 목사님과 디자인팀 여러분들께도 지면을 빌어 감사를 드립니다.

'사람의 마음'이 책으로 나올 수 있기까지는 많은 분들의 기도가 절실하였습니다. 기도해 주신 모든 분들에게 진심으로 감사의 말씀을 전합니다.

필자는 전도사 시절 강문호 목사님의 성막세미나에 참석하여 성경을 새로운 시각으로 보게 되었습니다. 그때 만났던 갈

보리교회 강문호 목사님을 20여 년이 지난 후 뵙게 되었습니다. 목사님은 '사람의 마음'에 대해 들으시고 필자에게 큰 격려를 주셨습니다. 강문호 목사님의 추천사는 제게 하늘의 위로를 전해 주신 것이었습니다. 또한 수정교회의 조일래 목사님은 나의 신학대학 은사이시며 나의 목회의 큰 힘이 되어 주셨습니다. 조일래 목사님의 총회장 재직시 펼치신 2.3.4 영성운동은 『사람의 마음』을 집필할 수 있는 근력이 되었습니다. 『21세기 다시 그리는 사람의 마음』이 한국교회에 귀하게 전해지기를 바라시는 그 뜻을 따라서 최선을 다해 사역할 것을 다짐해 봅니다.

하루도 거르지 않고 노심초사 기도하시는 어머니 이복연 권사님과 장인어른 김종익 장로님, 장모님 이철주 권사님께도 감사와 사랑을 드립니다. 옛 명심도와 이성봉 목사님의 모든 저서를 읽으면서 점점 그와 관련된 옛 성경 찬송 및 배경 자료들로 연구가 확대되었습니다. 불가피하게 꽤 많은 기독교 고서들을 구입해야 했습니다. 빠듯한 살림에 적금까지 깨어가며 남편의 사역을 지지해주고 기도해 주는 사랑하는 아내 김정순 사모와 아버지를 늘 자랑스러워하며 존경해 주는 필자의 또 다른 이름과 같은 아들 현성, 딸 혜현에게 사랑한다고 꼭 말하고 싶습니다.

'말로 못하면 죽음으로' 한국의 무디 故이성봉 목사님, 그 분의 영성을 닮고 싶습니다.

2017년 2월 28일

권영기 목사